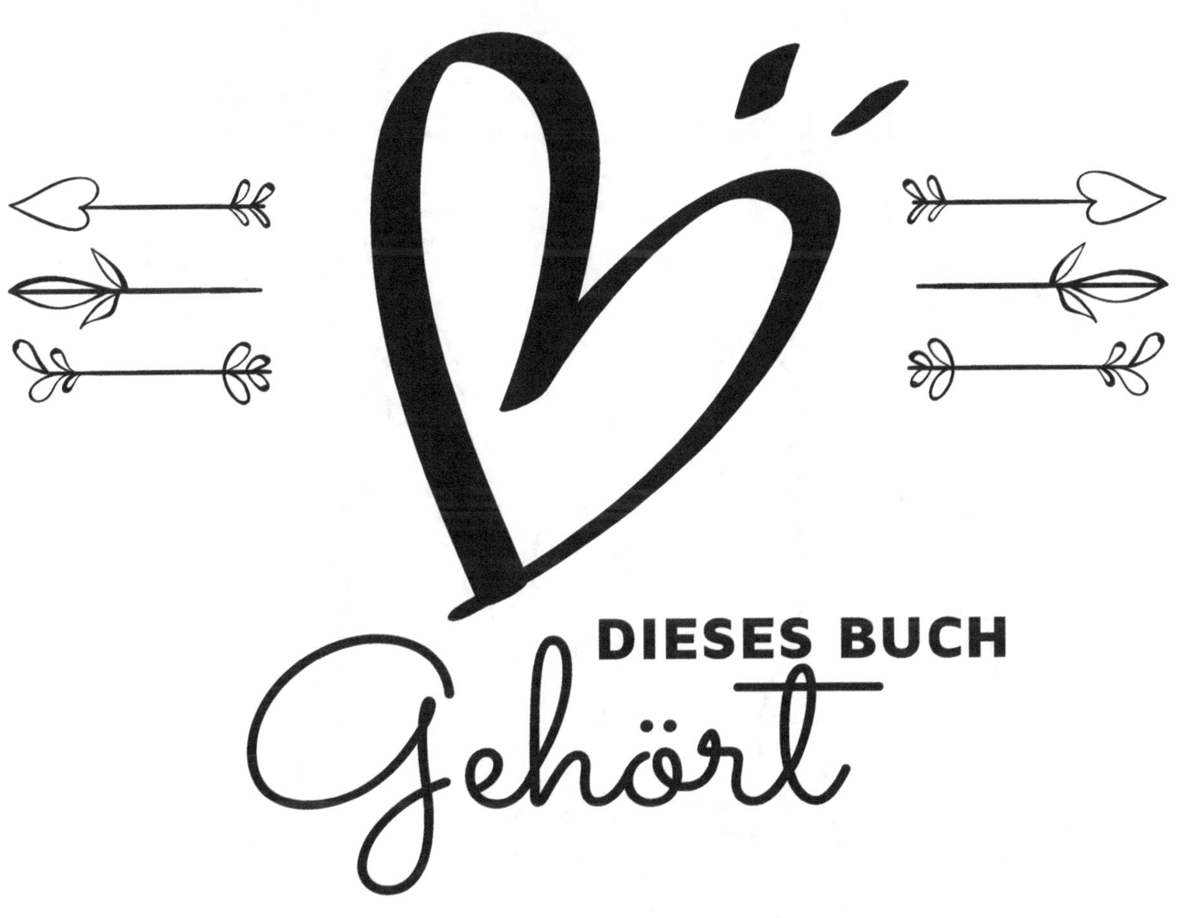

DIESES BUCH
Gehört

FLUGZEUG MALBUCH

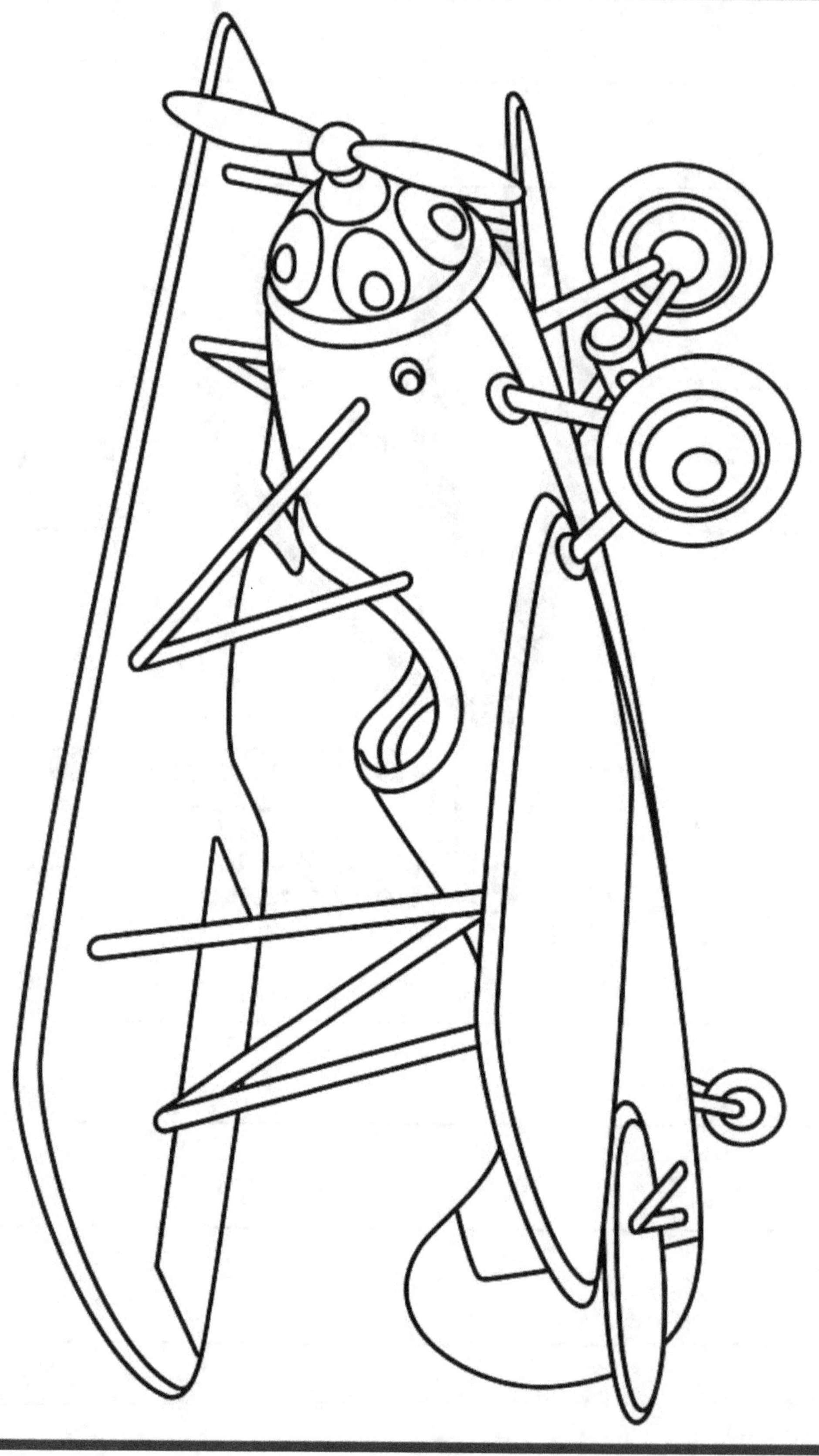

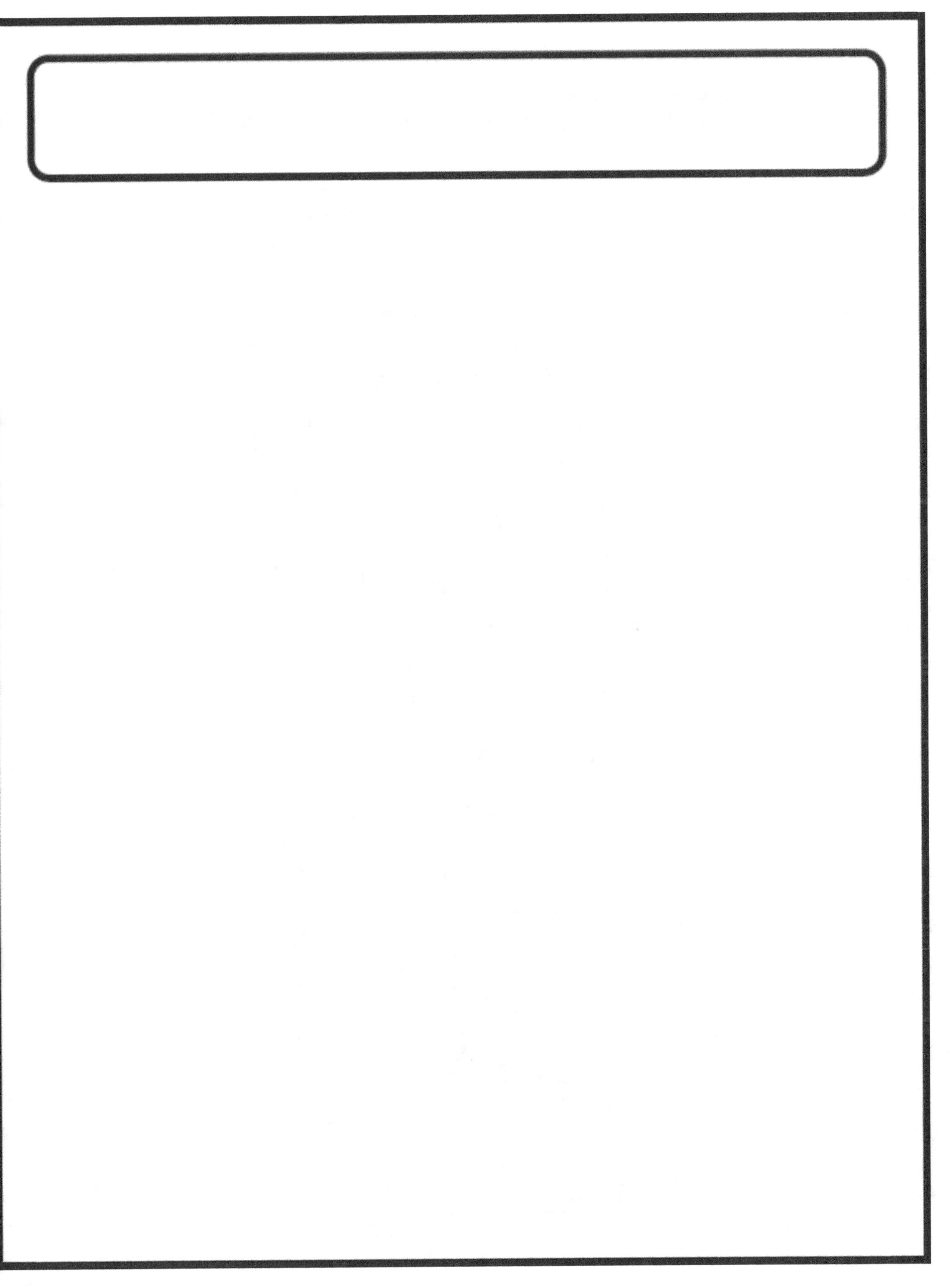

FLUGZEUG MALBUCH

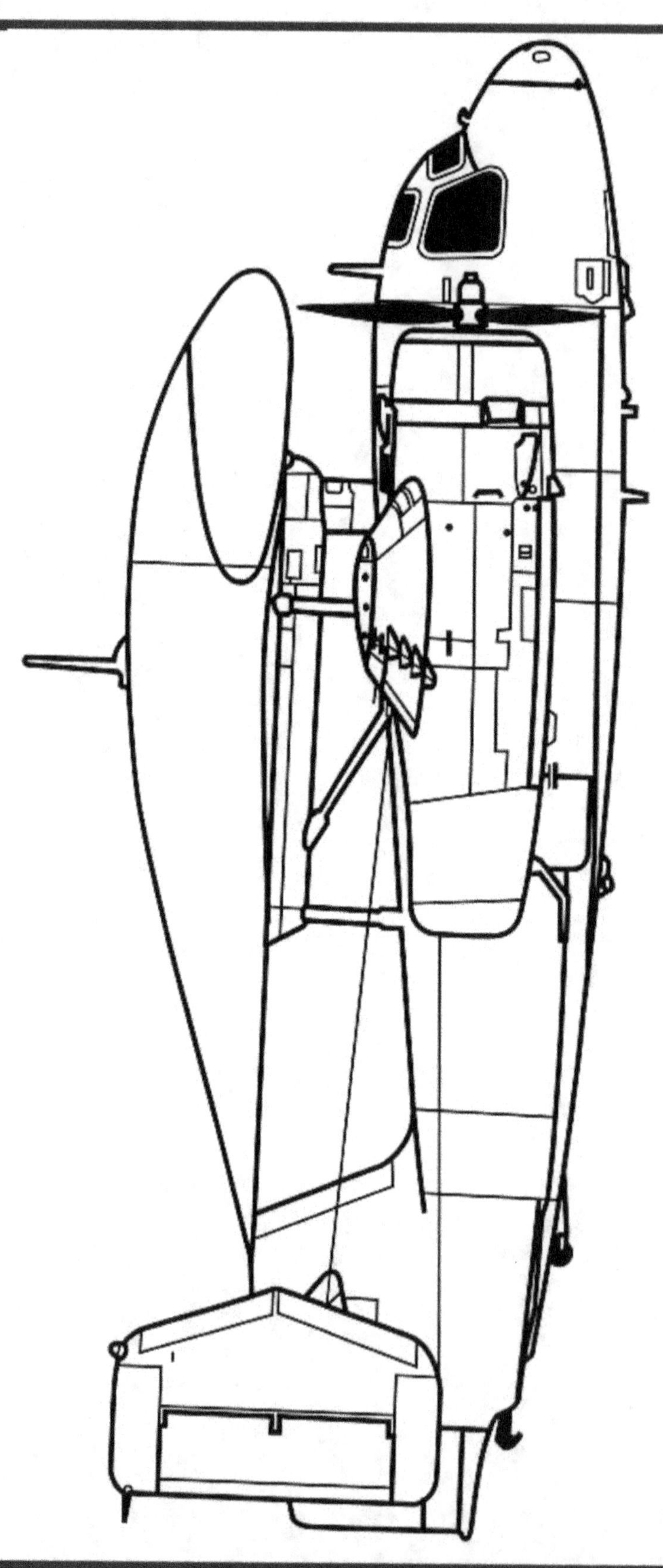

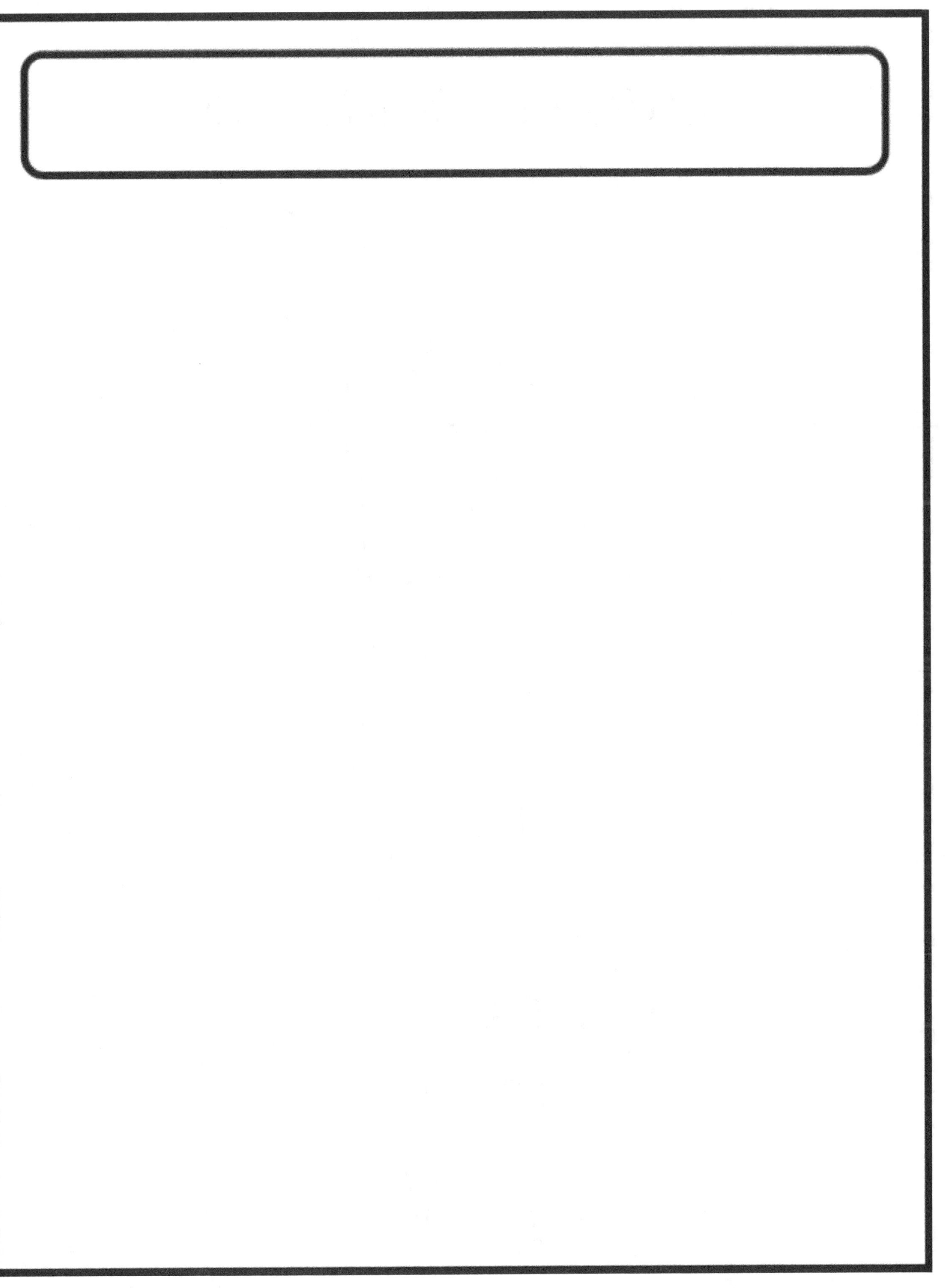

FLUGZEUG MALBUCH

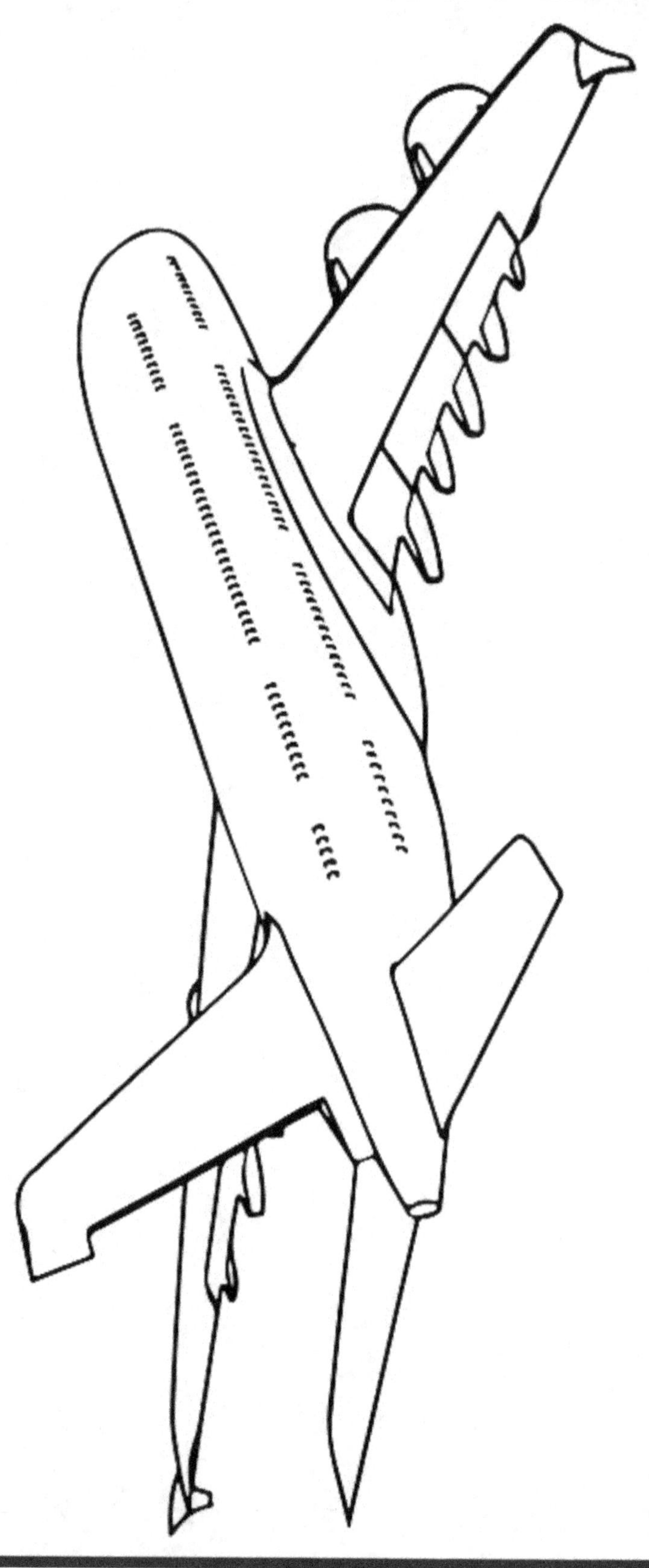

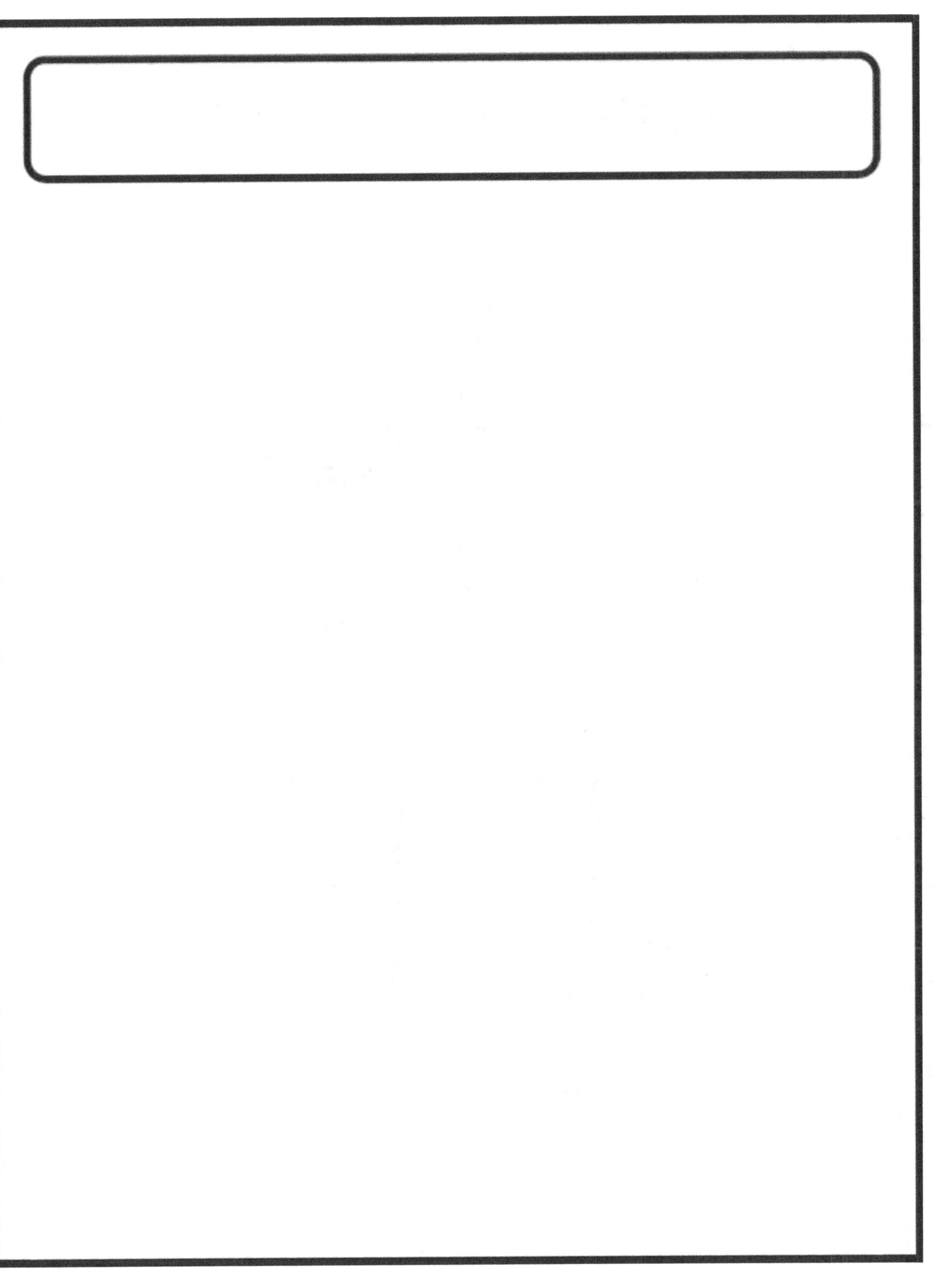

FLUGZEUG MALBUCH

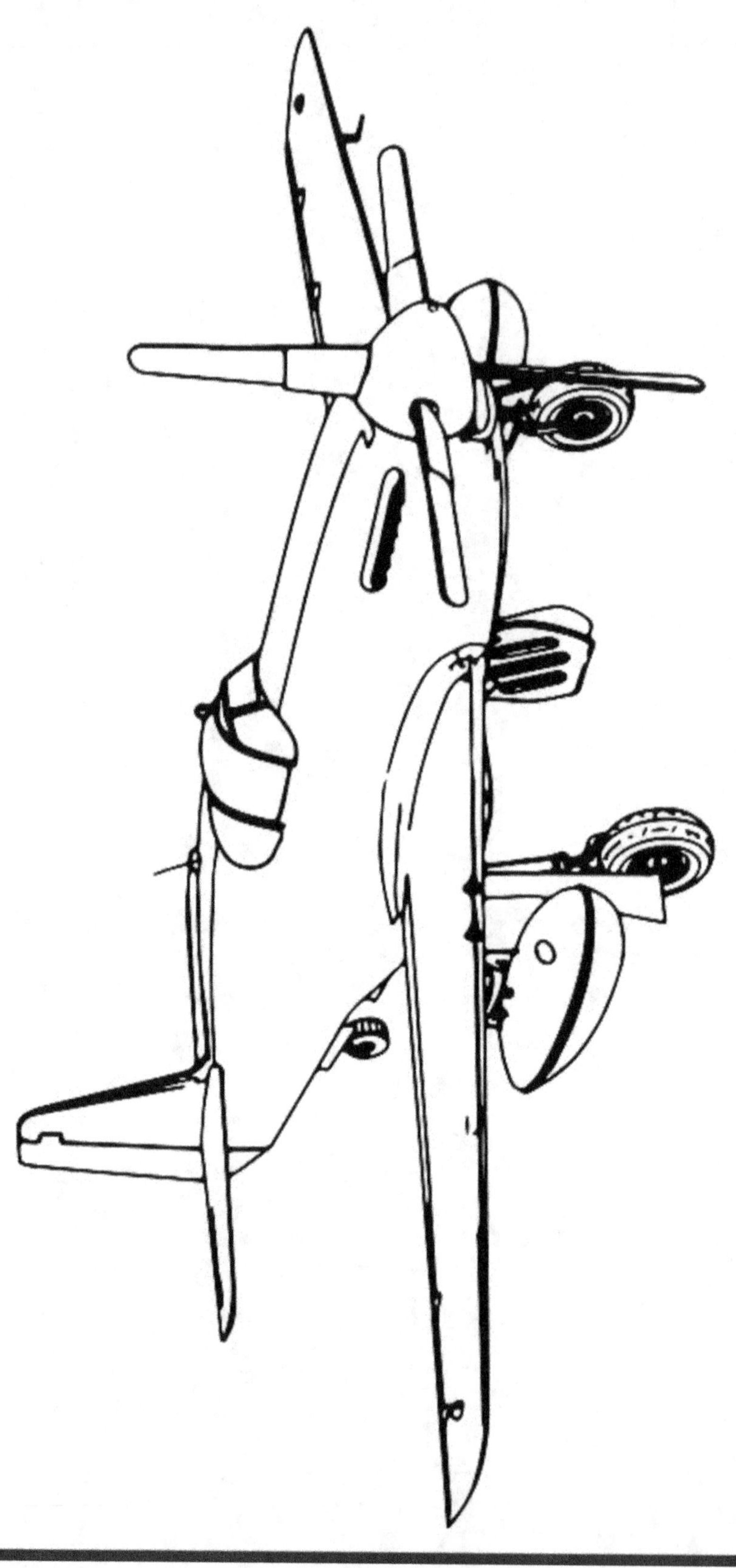

FLUGZEUG MALBUCH

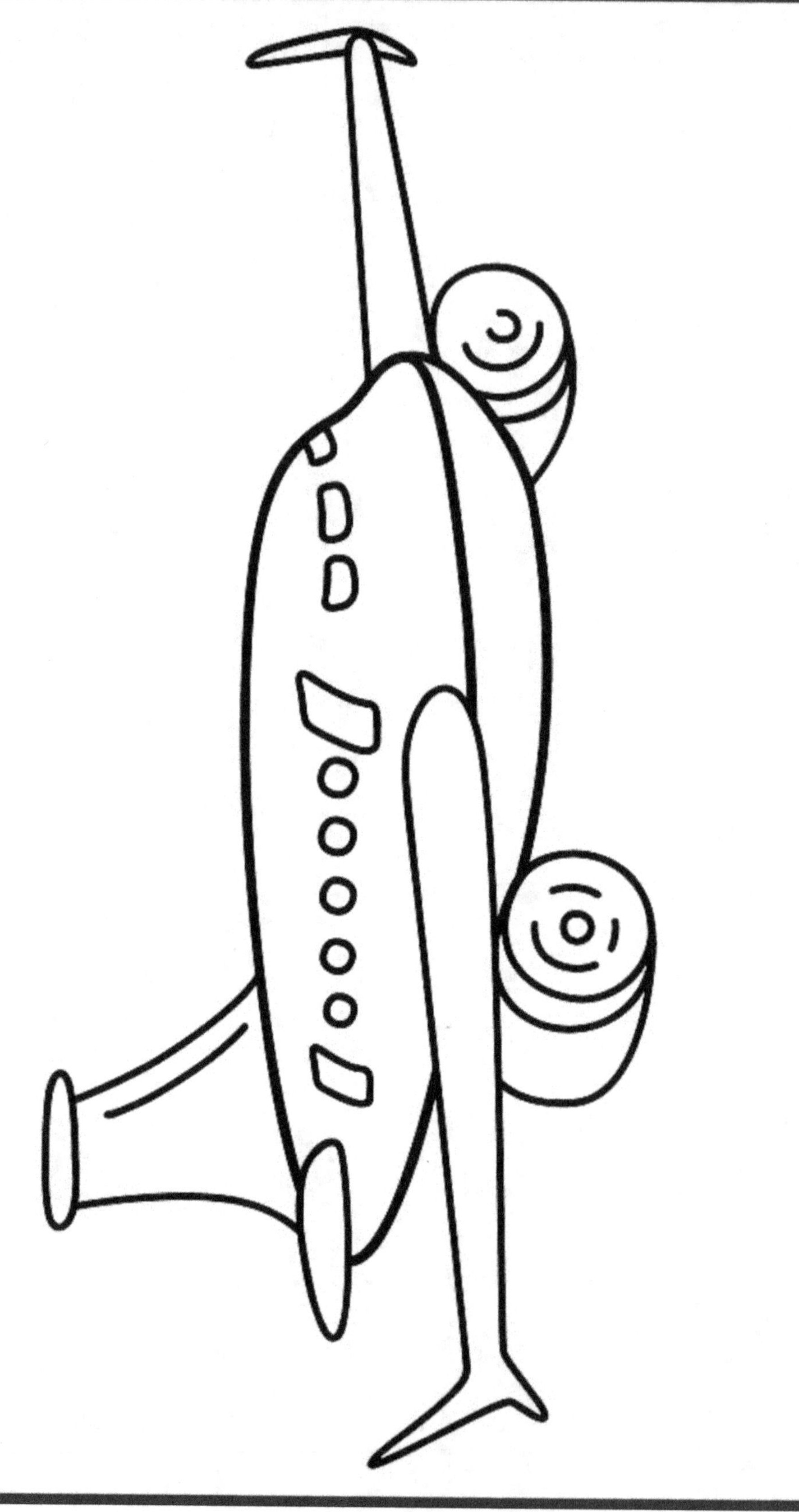

FLUGZEUG MALBUCH

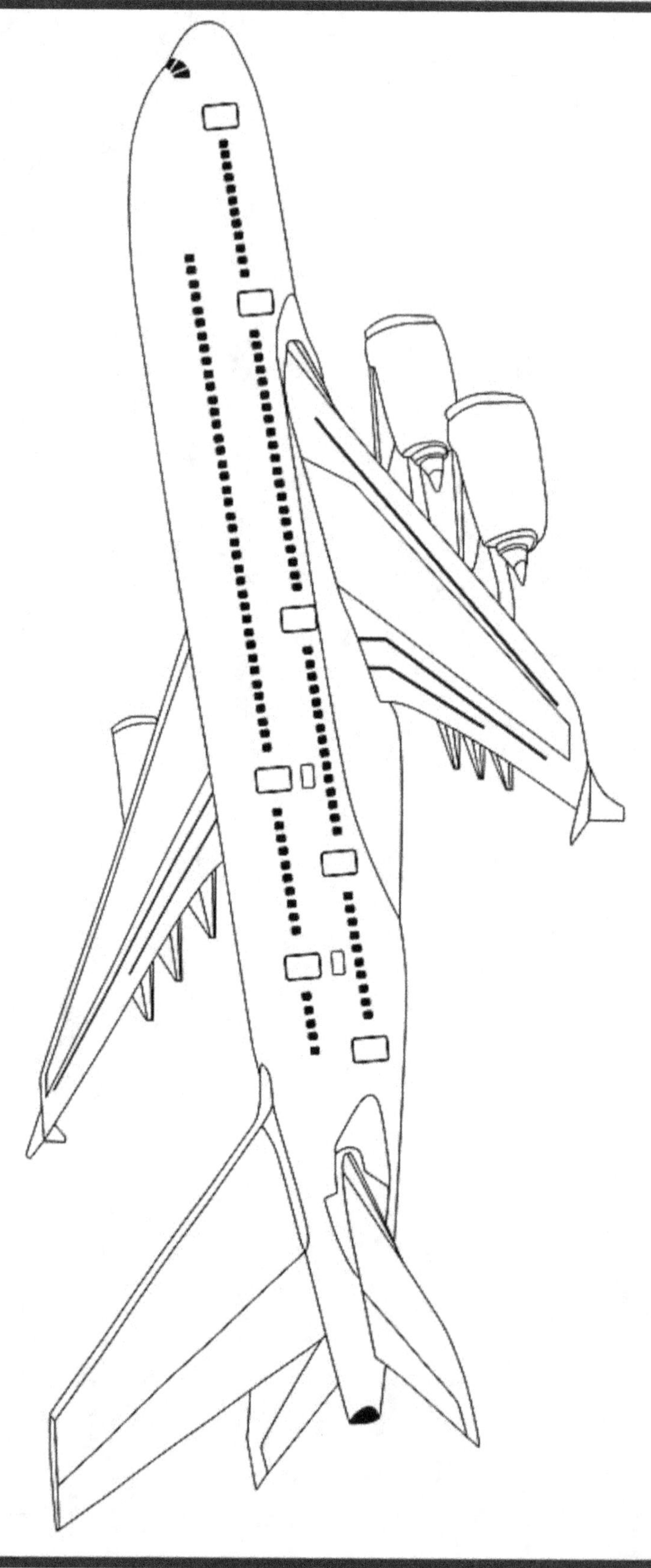

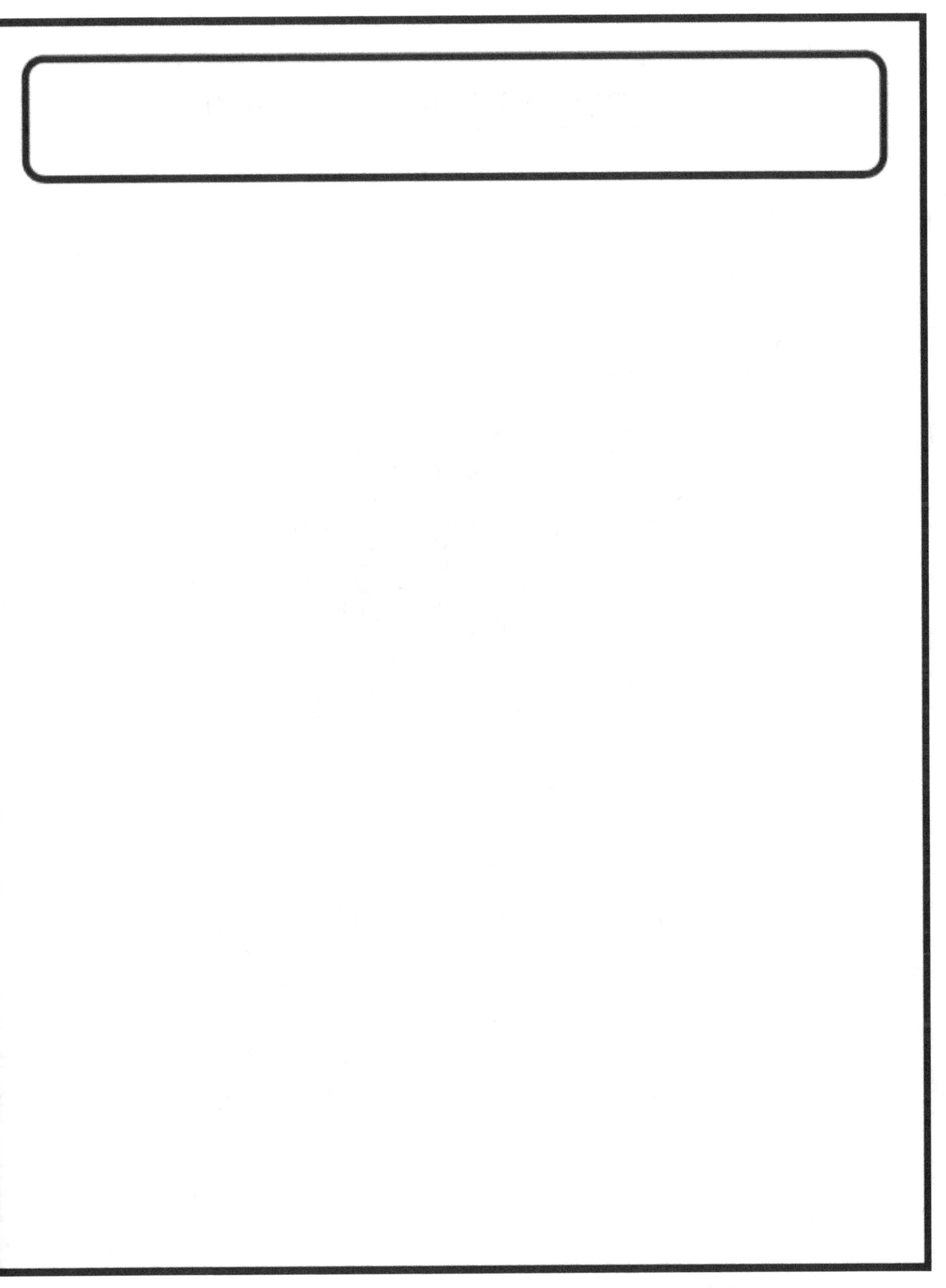

FLUGZEUG MALBUCH

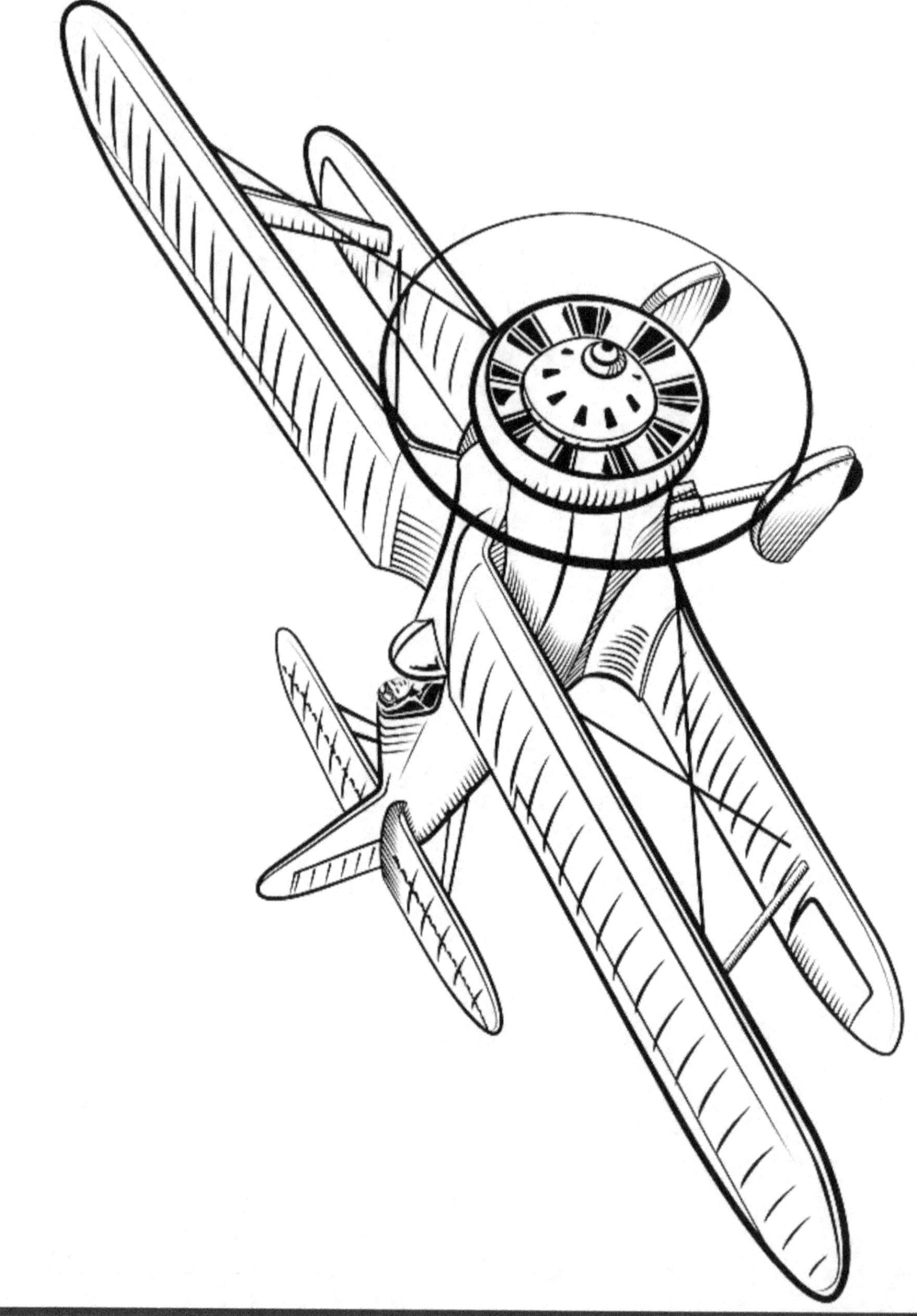

FLUGZEUG MALBUCH

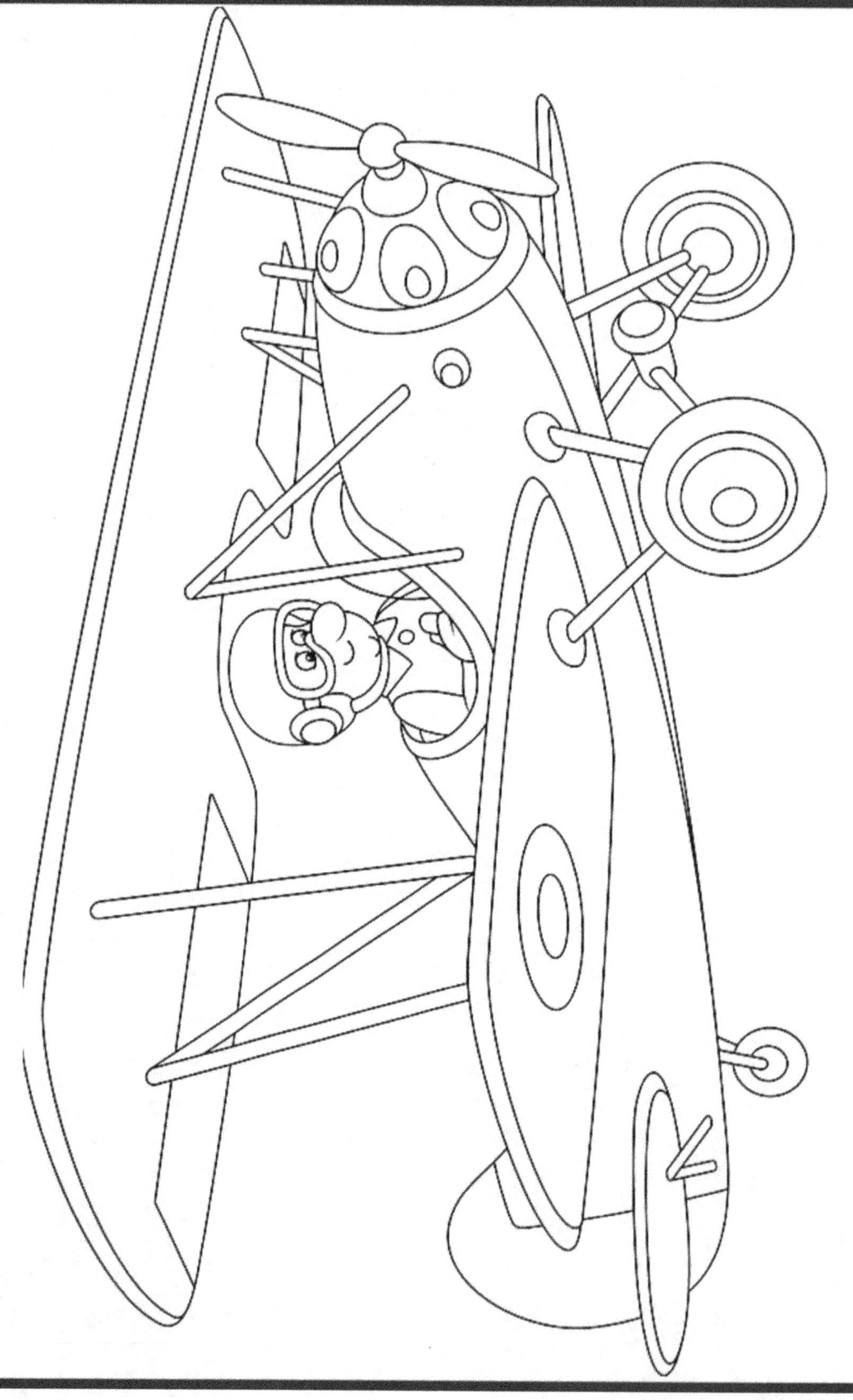

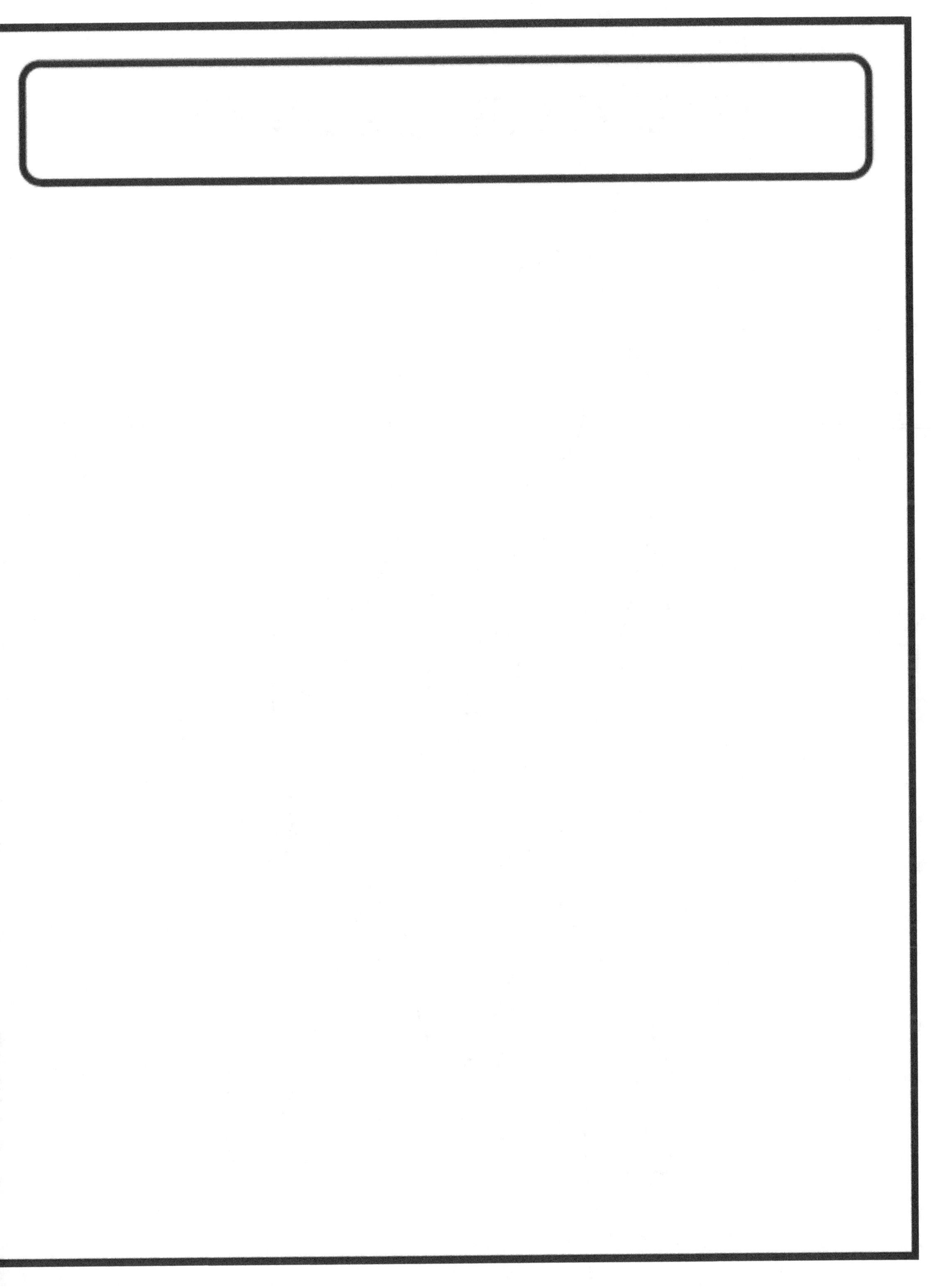

FLUGZEUG MALBUCH

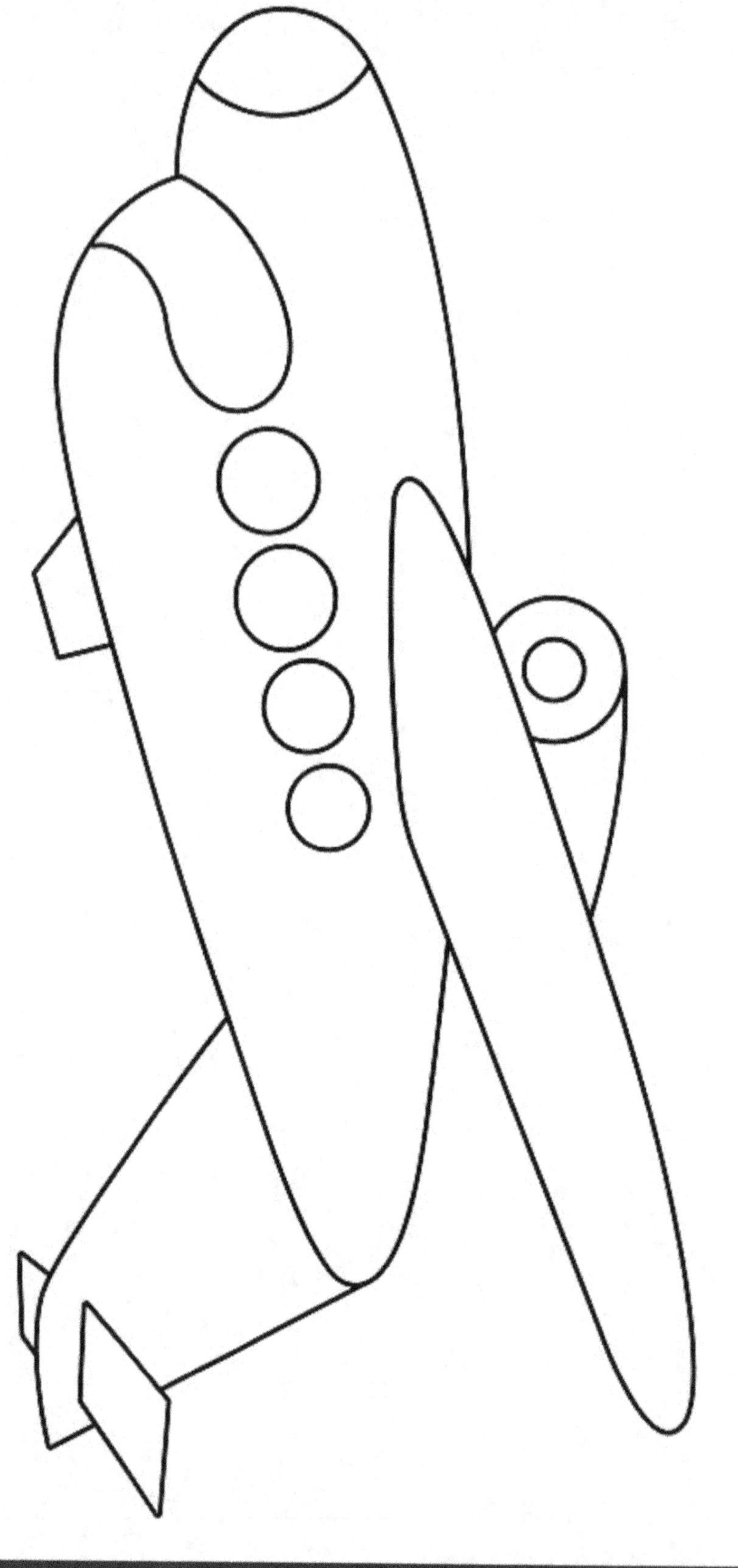

FLUGZEUG MALBUCH

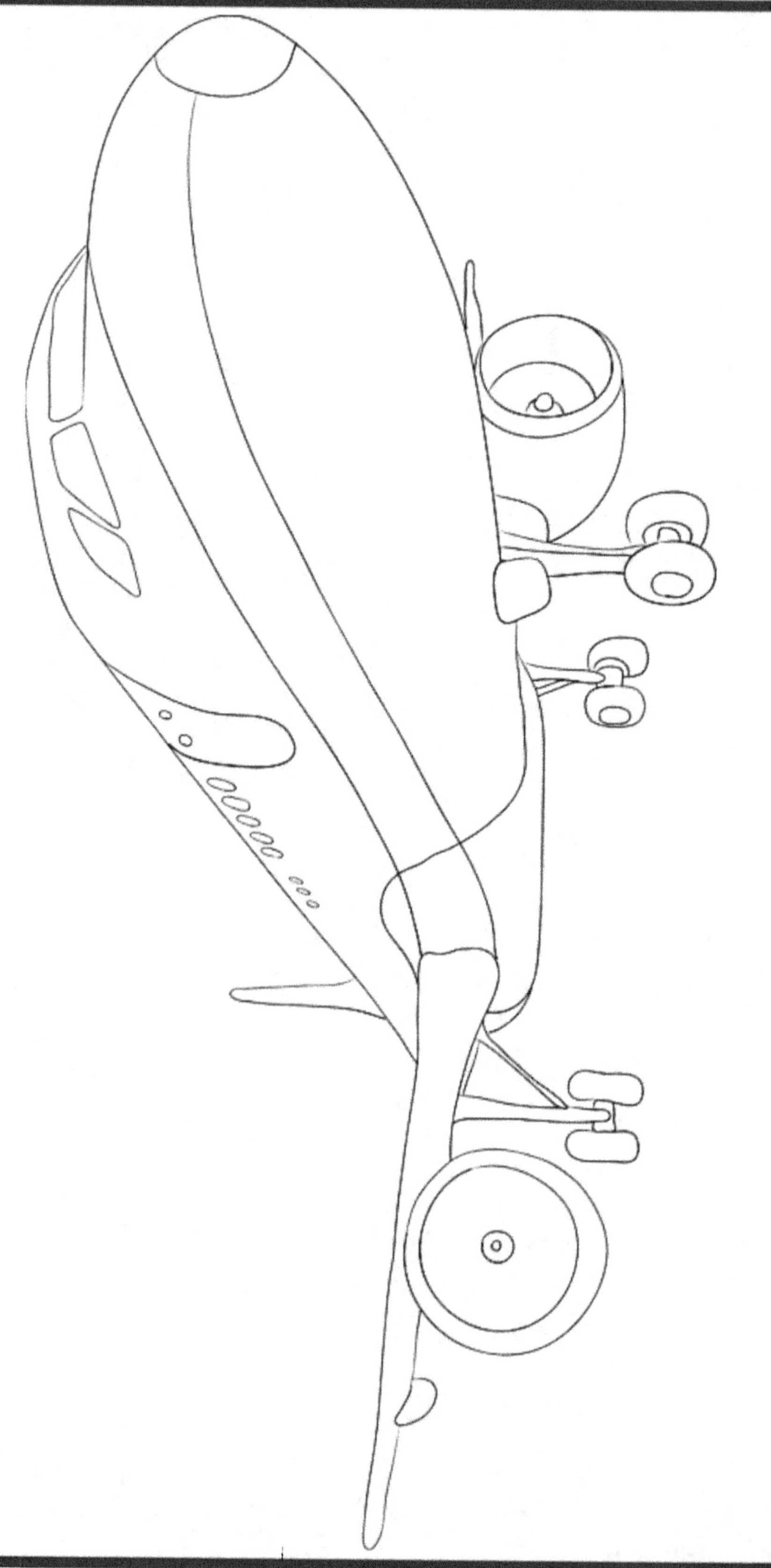

FLUGZEUG MALBUCH

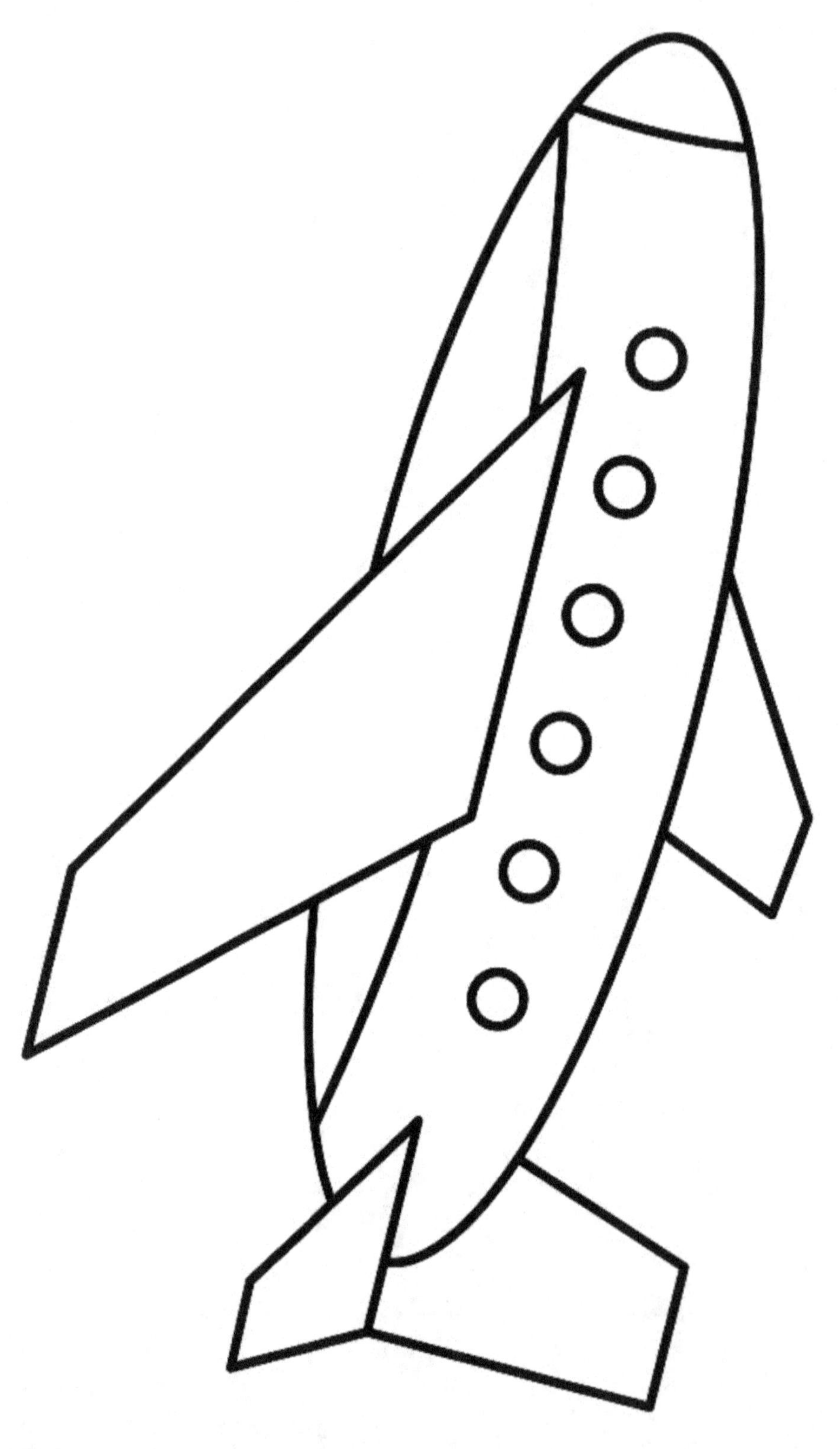

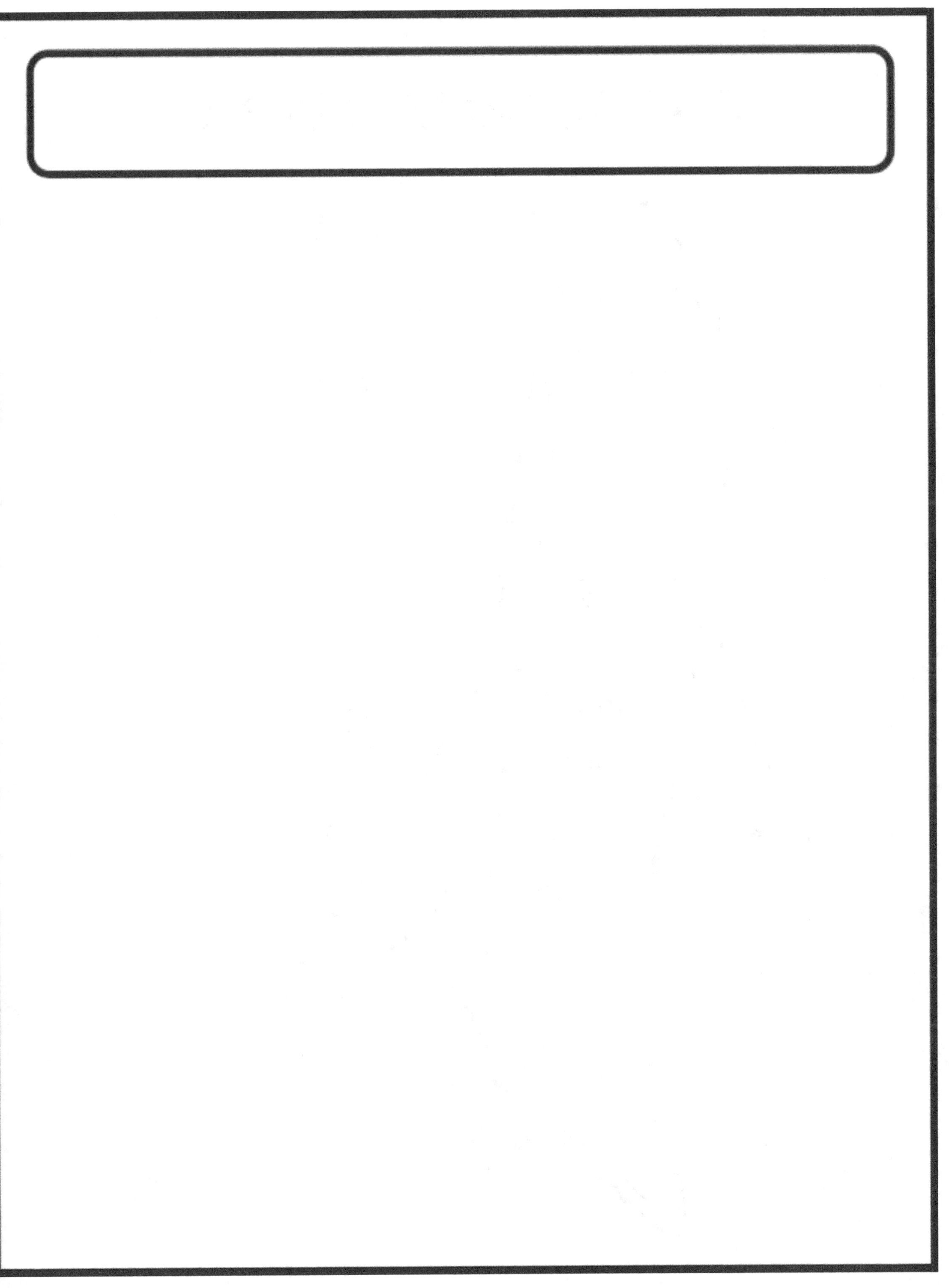

FLUGZEUG MALBUCH

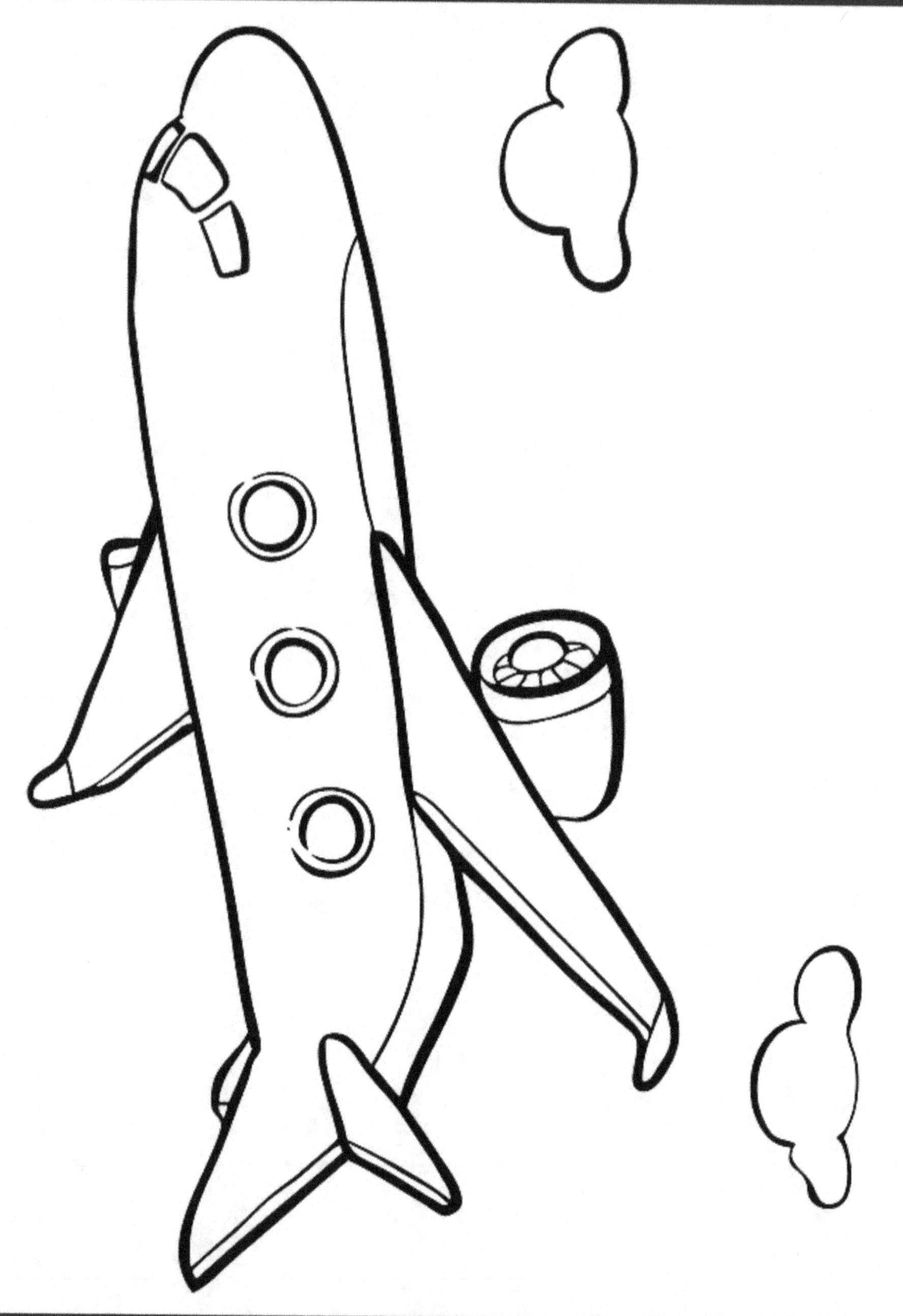

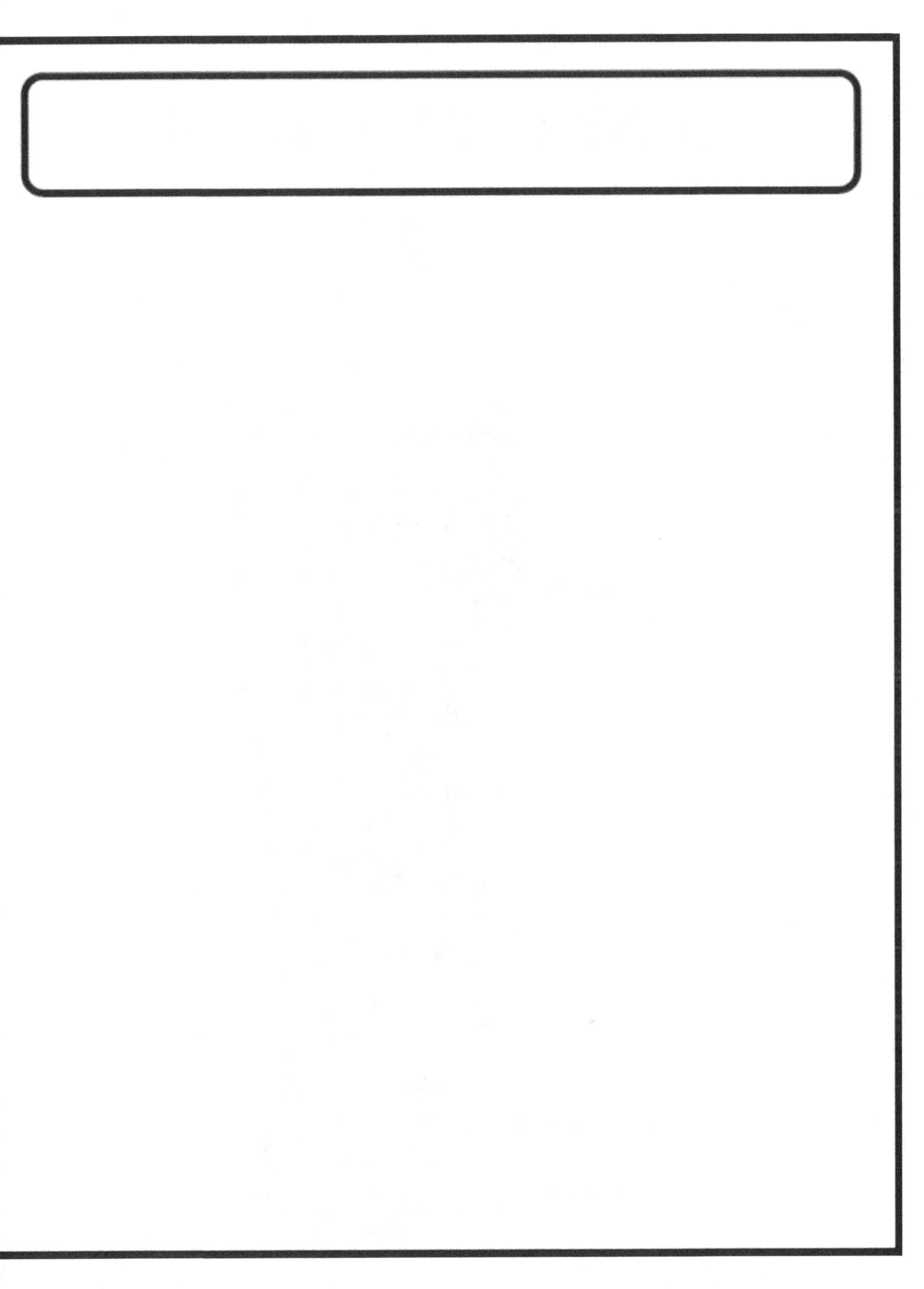

FLUGZEUG MALBUCH

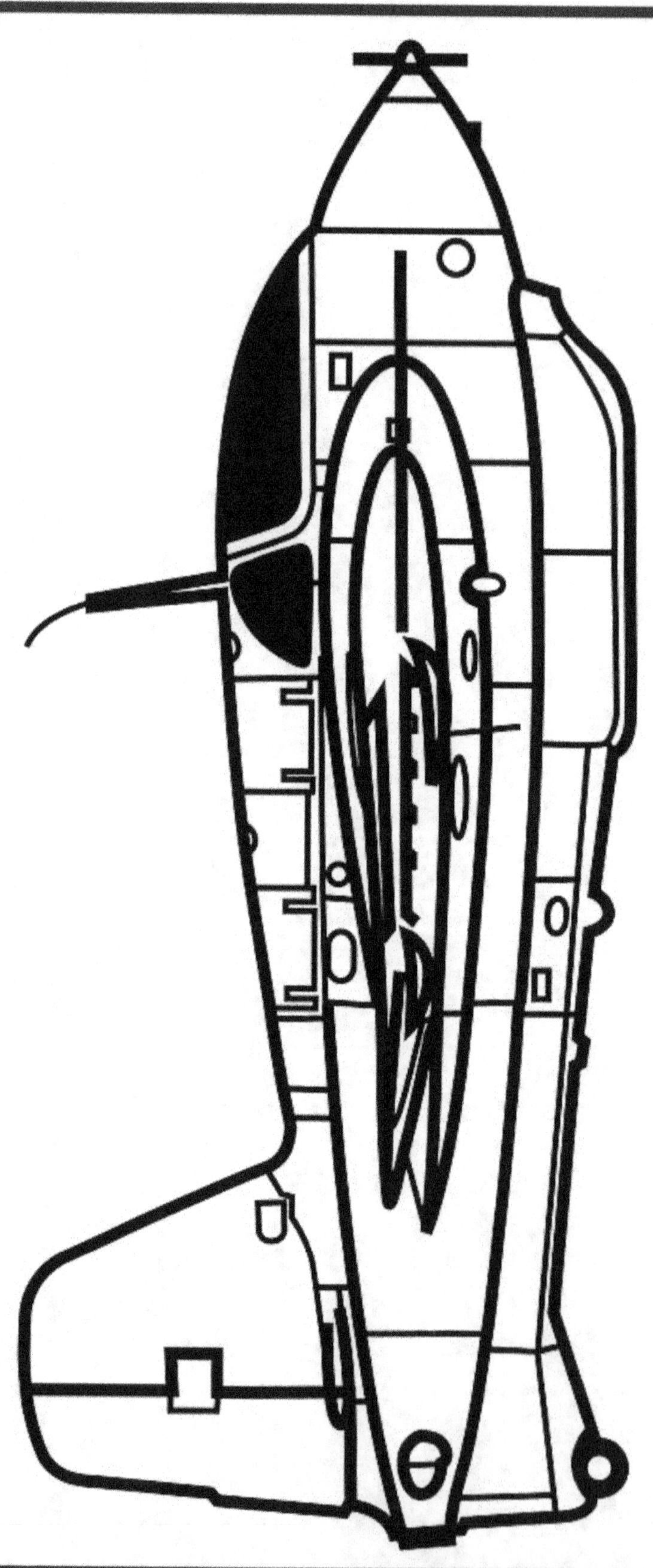

FLUGZEUG MALBUCH

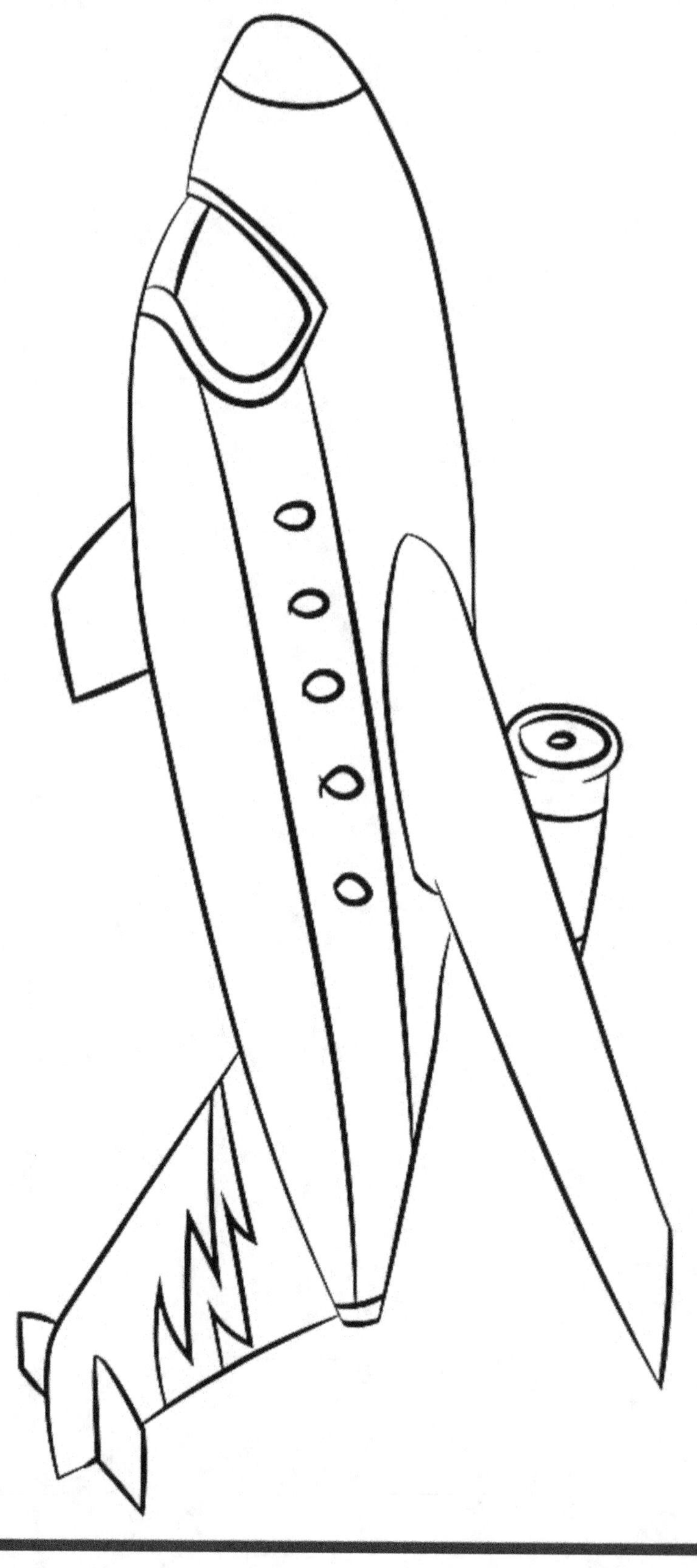

FLUGZEUG MALBUCH

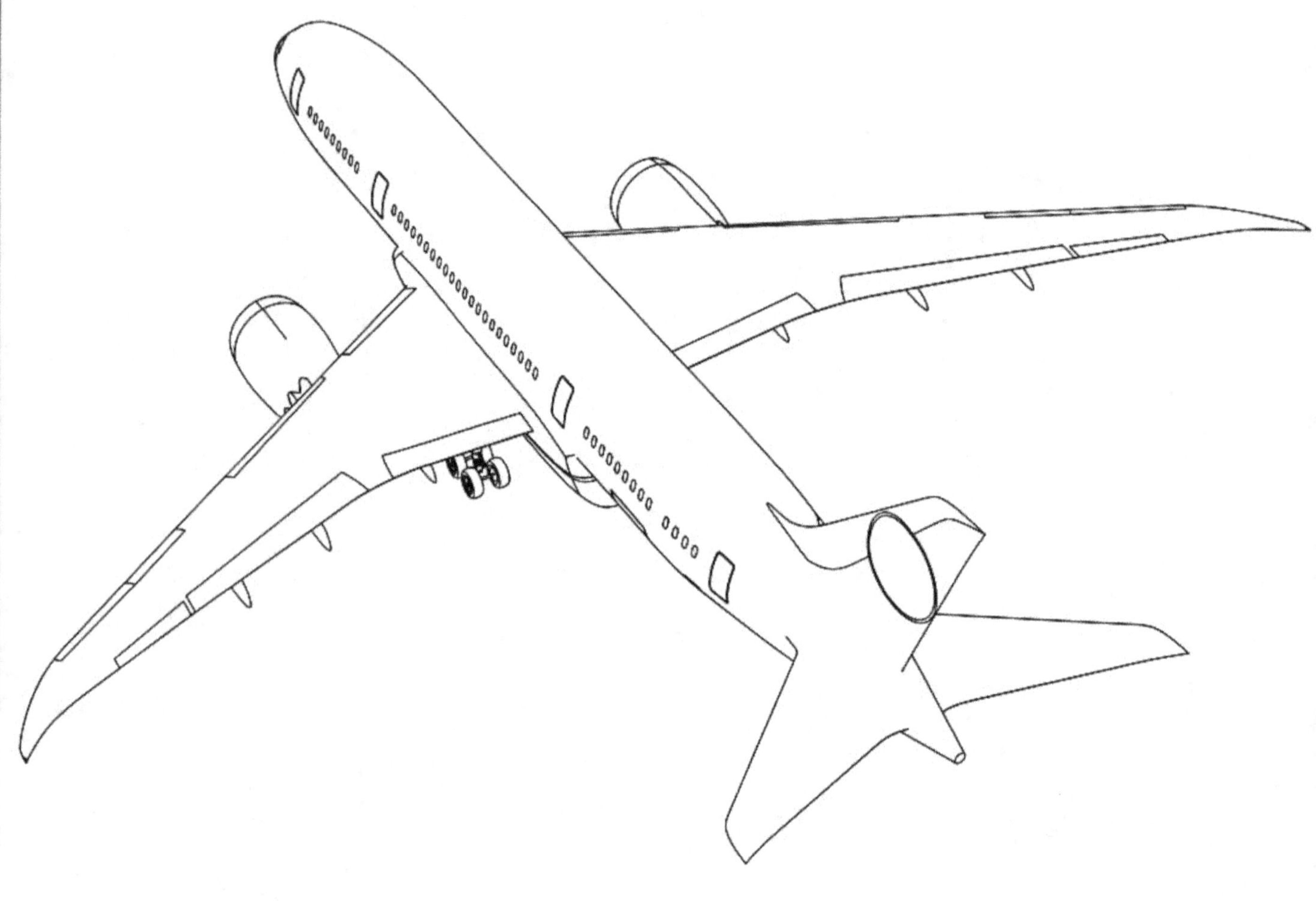

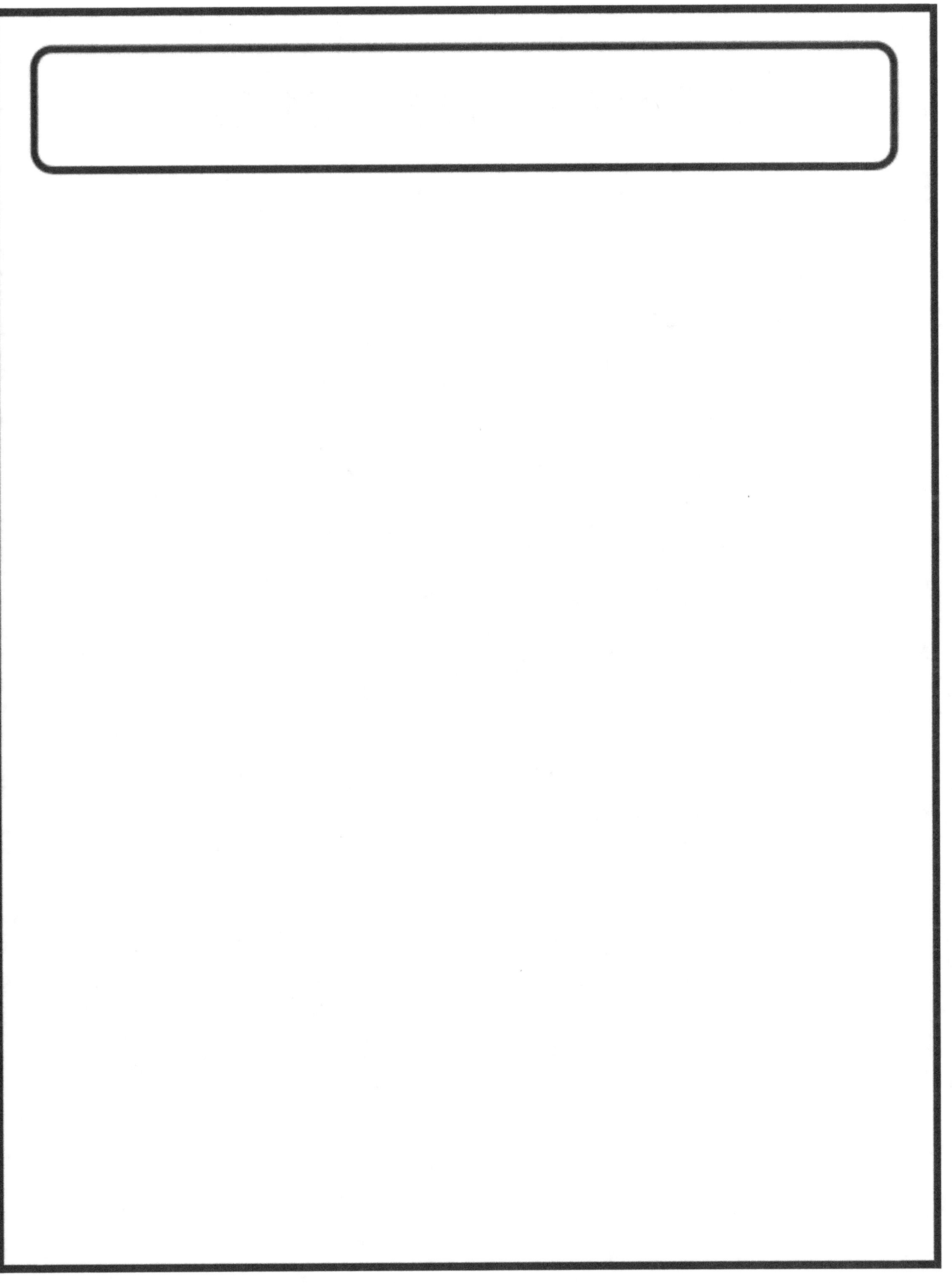

FLUGZEUG MALBUCH

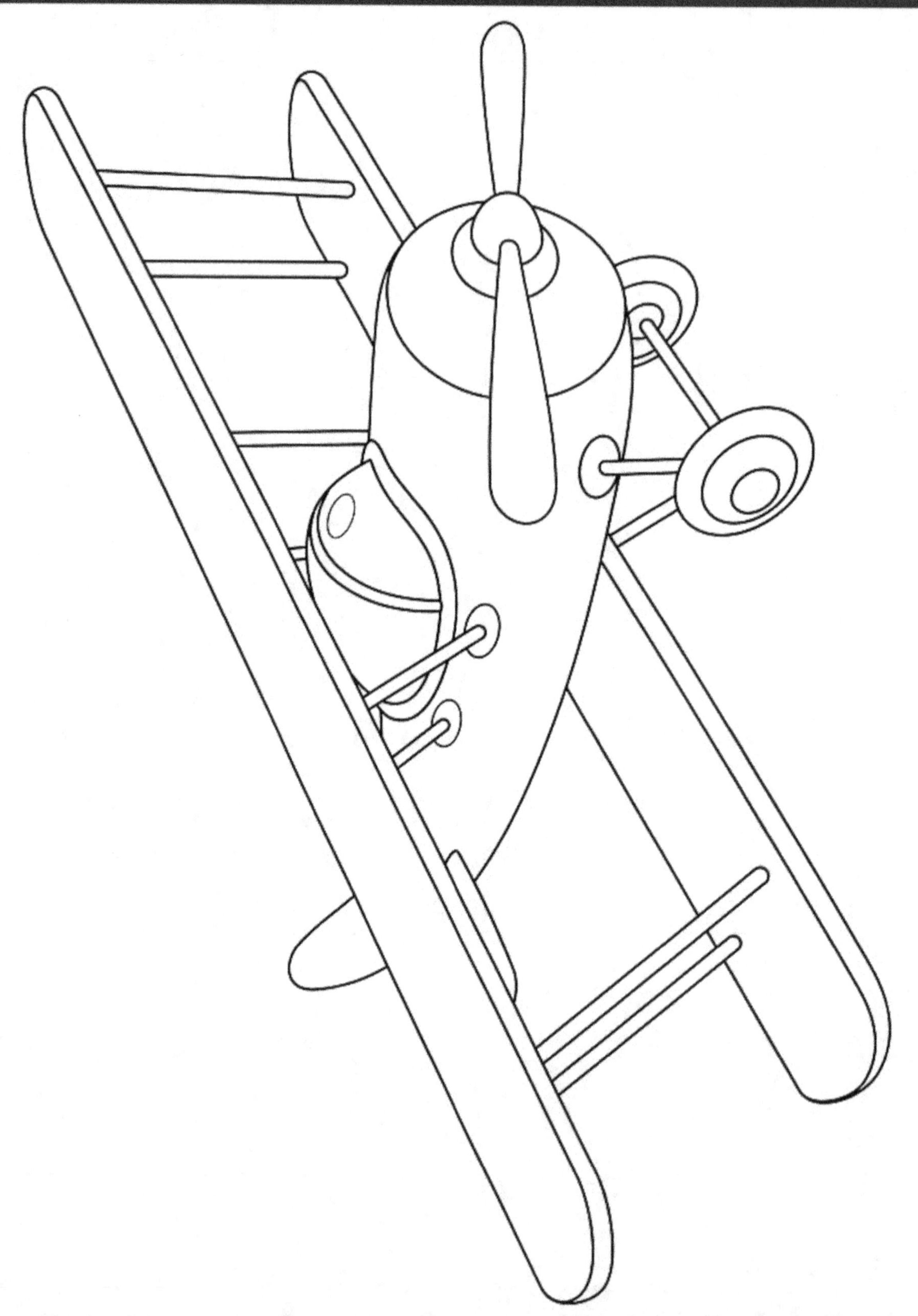

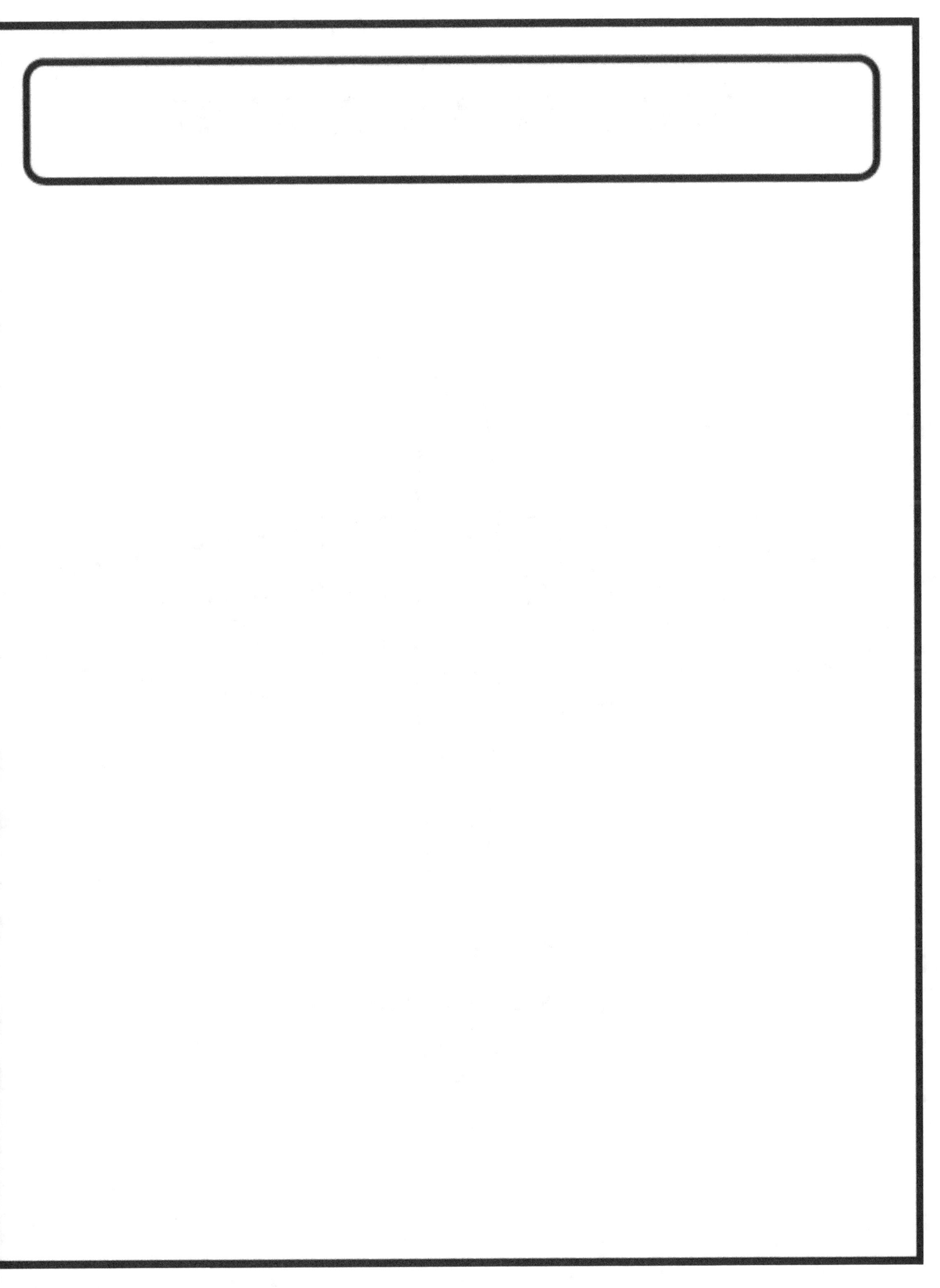

FLUGZEUG MALBUCH

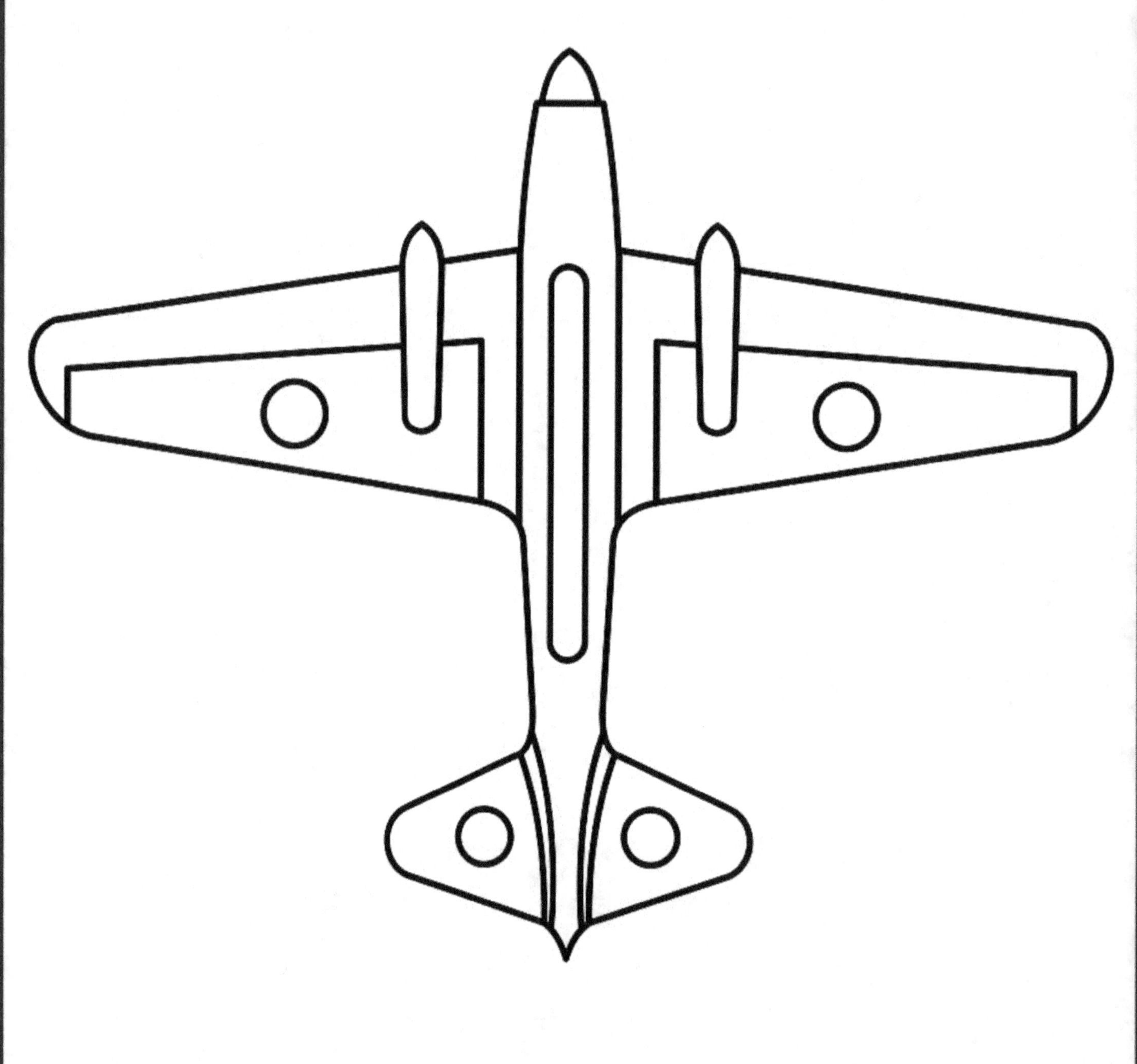

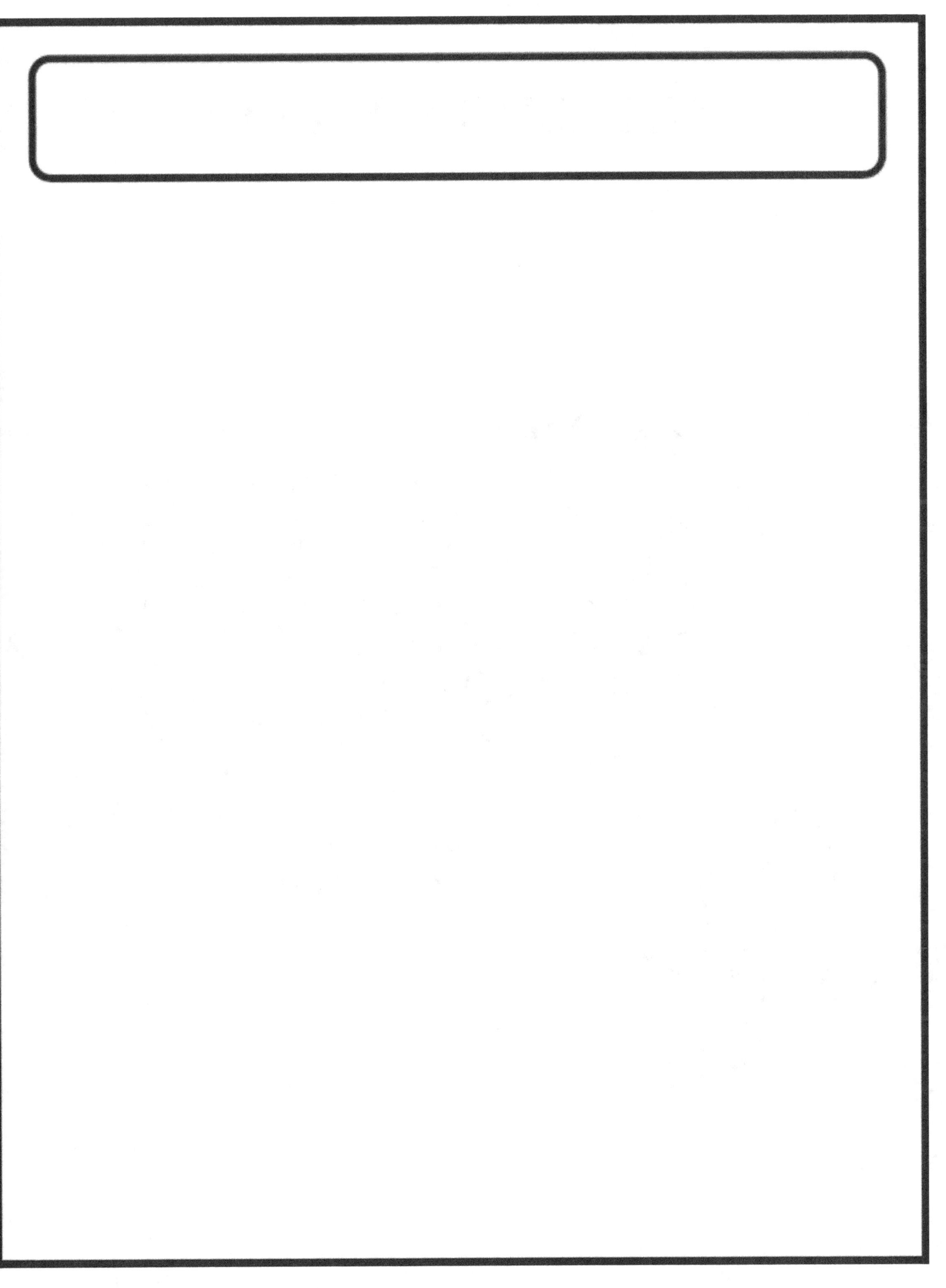

FLUGZEUG MALBUCH

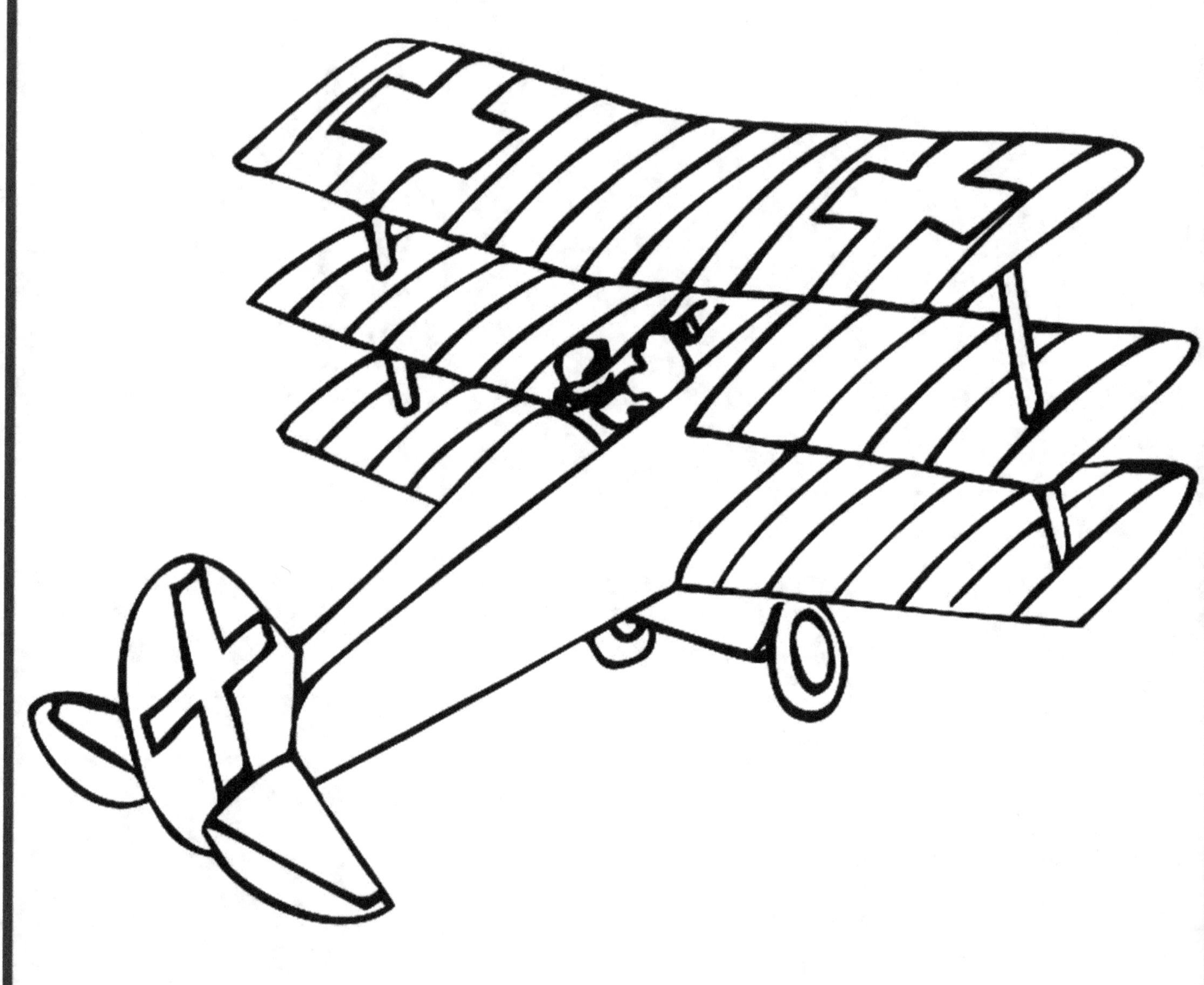

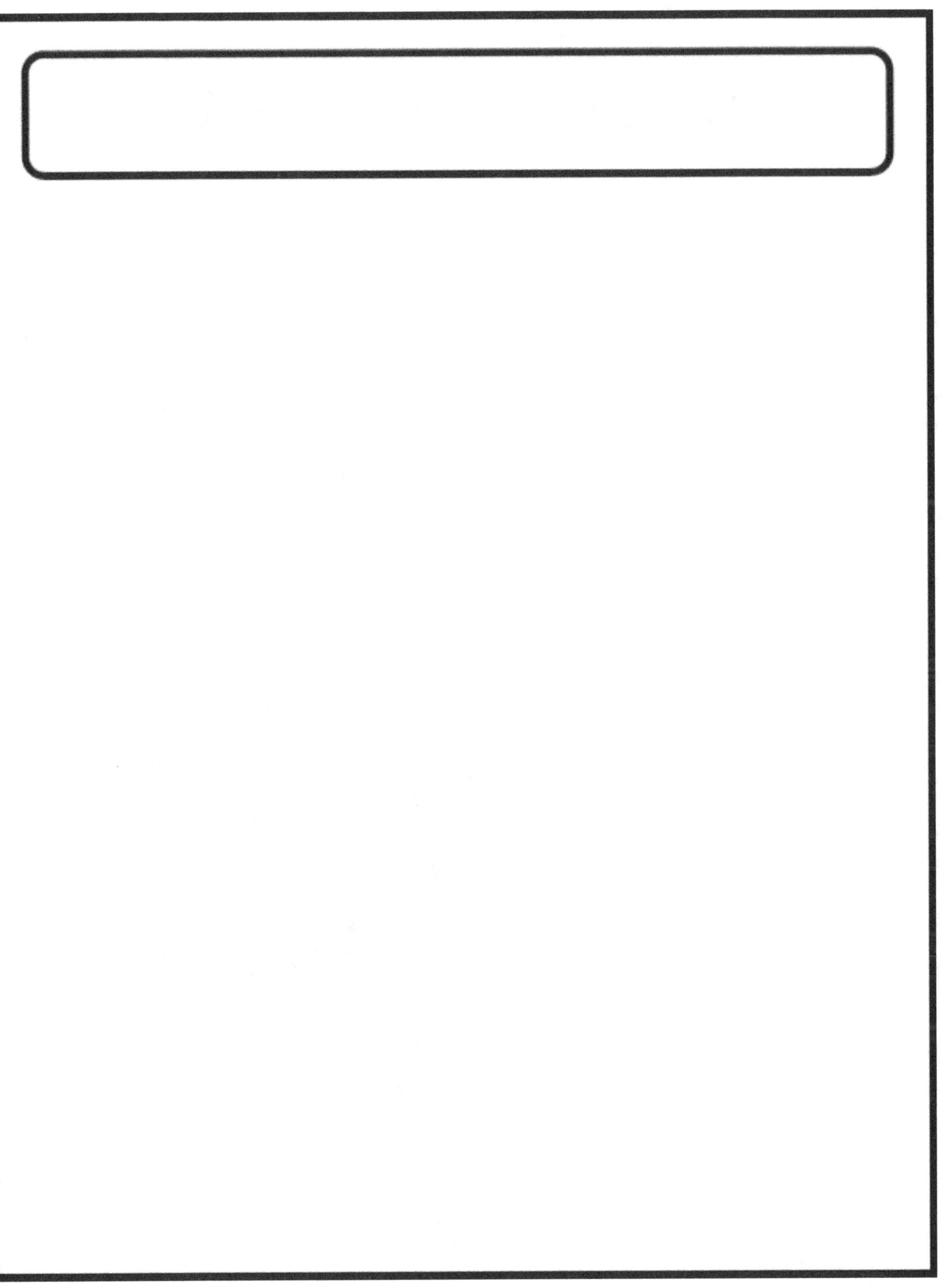

FLUGZEUG MALBUCH

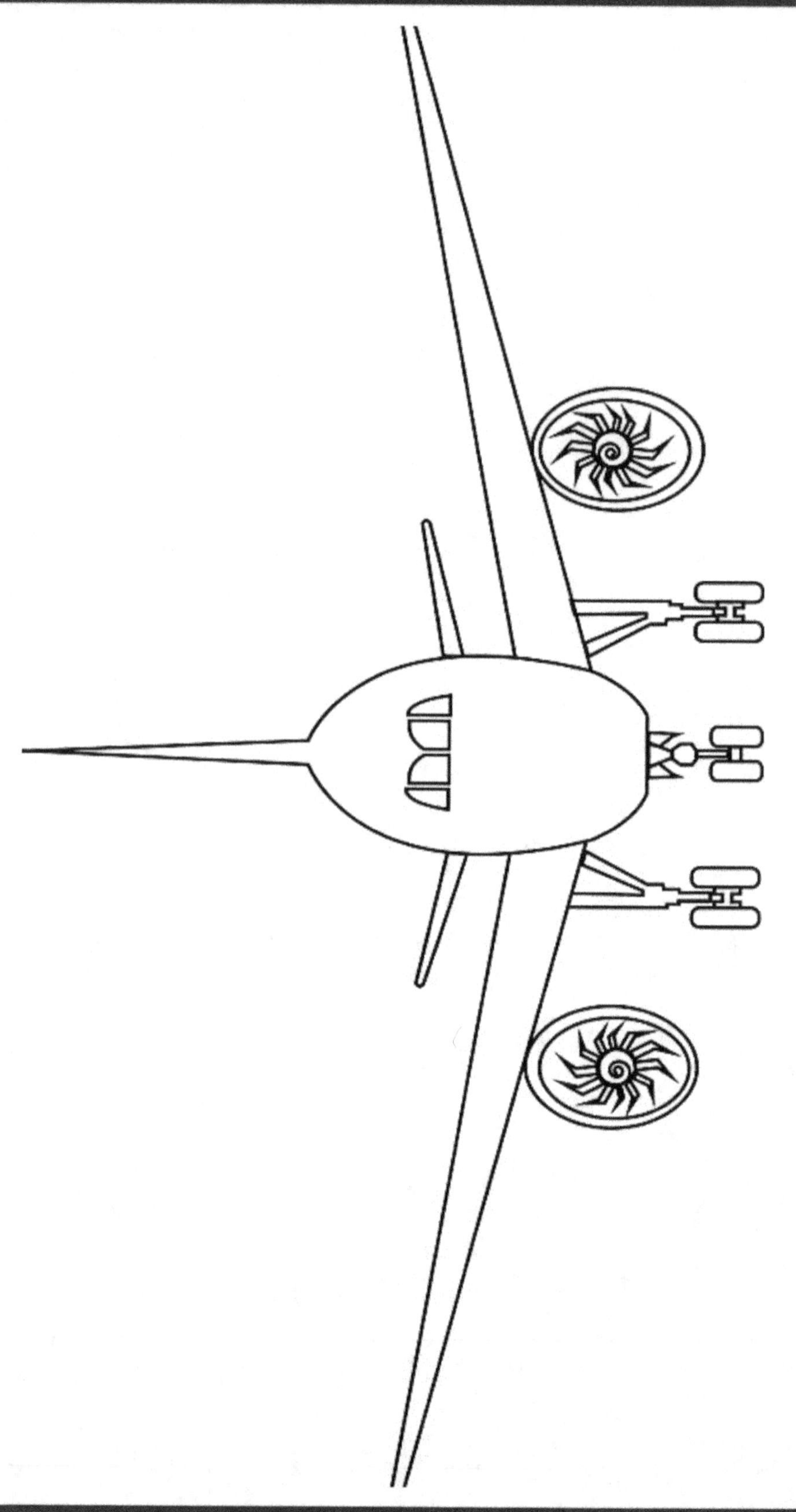

FLUGZEUG MALBUCH

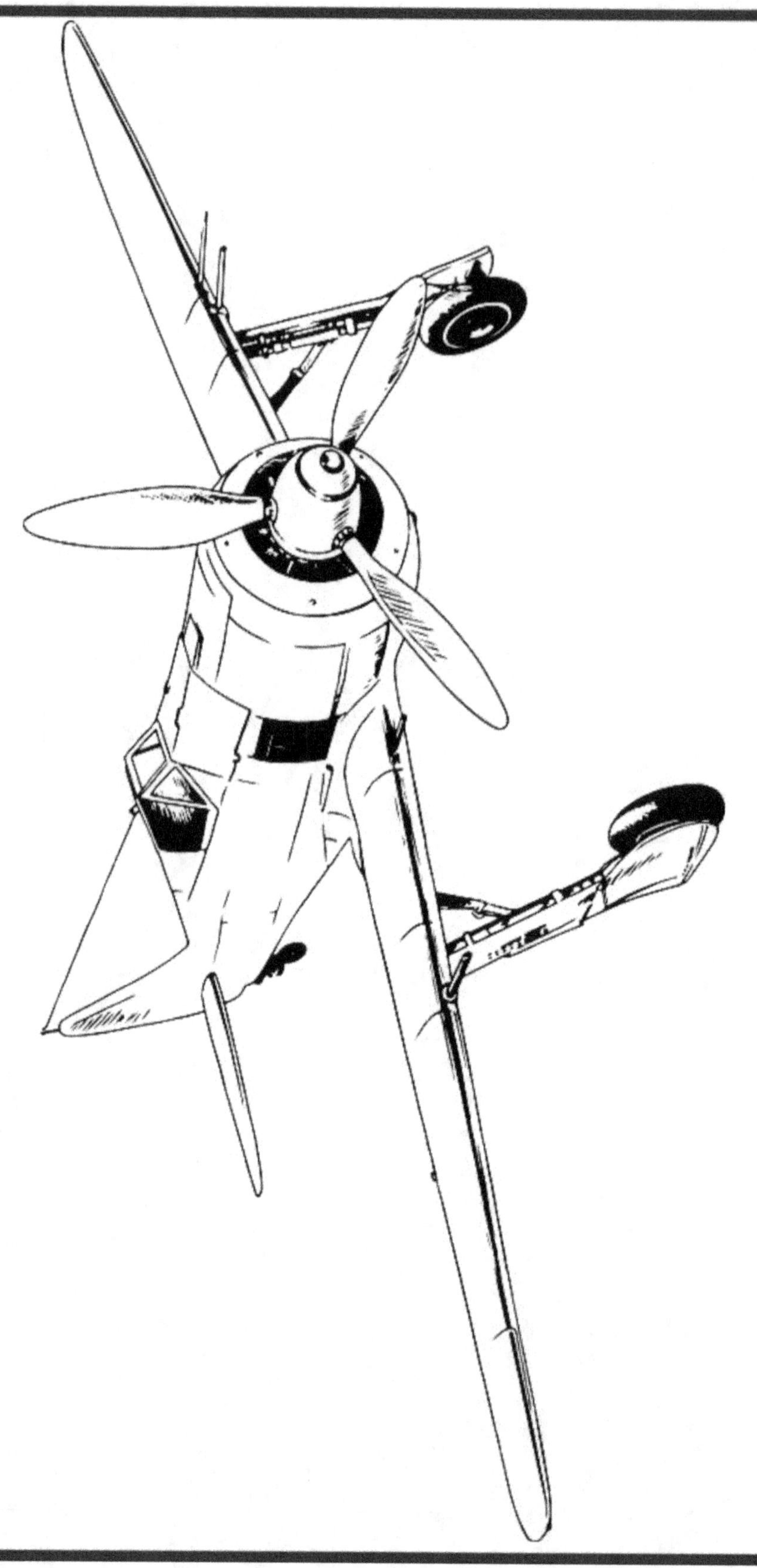

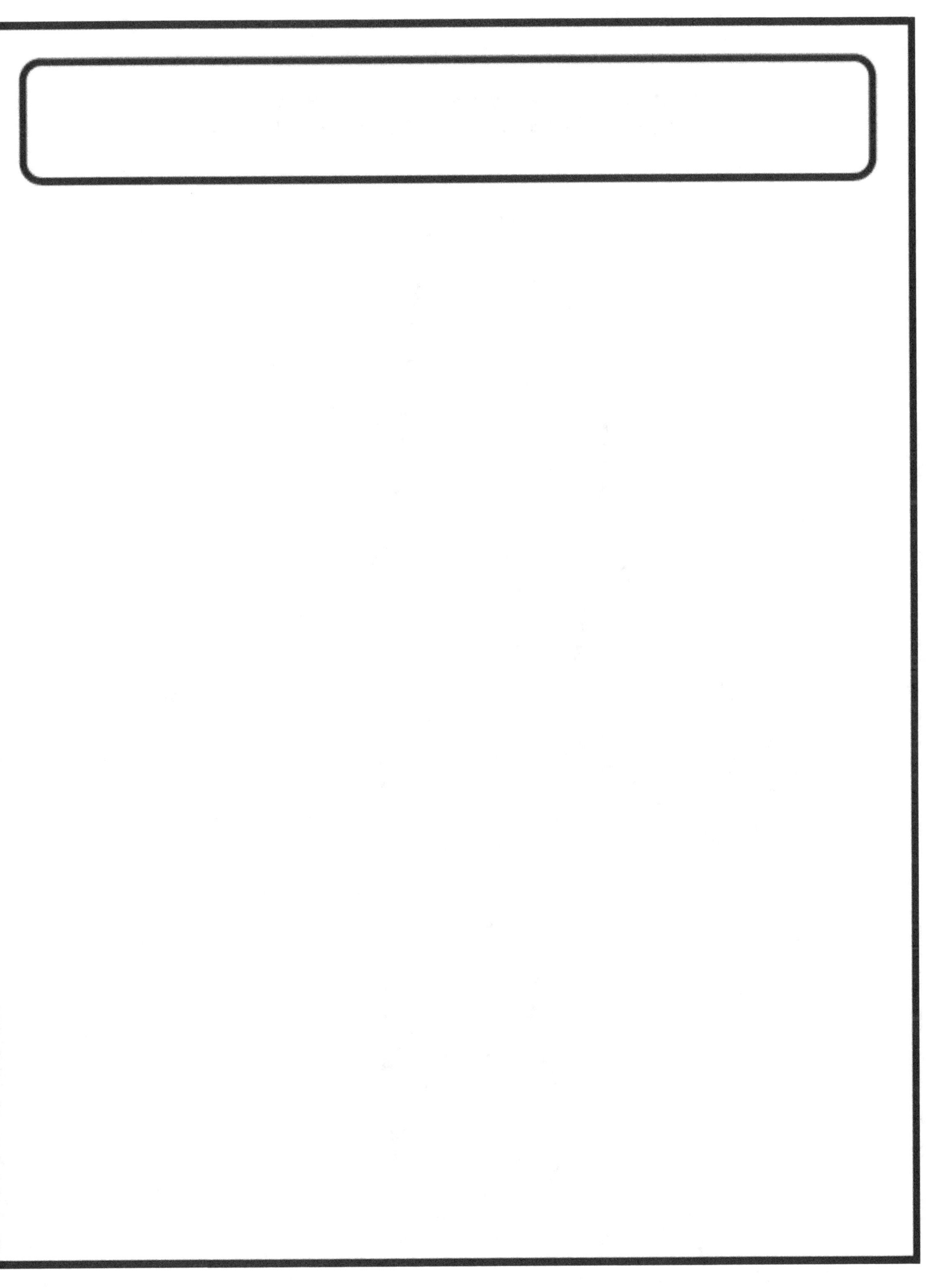

FLUGZEUG MALBUCH

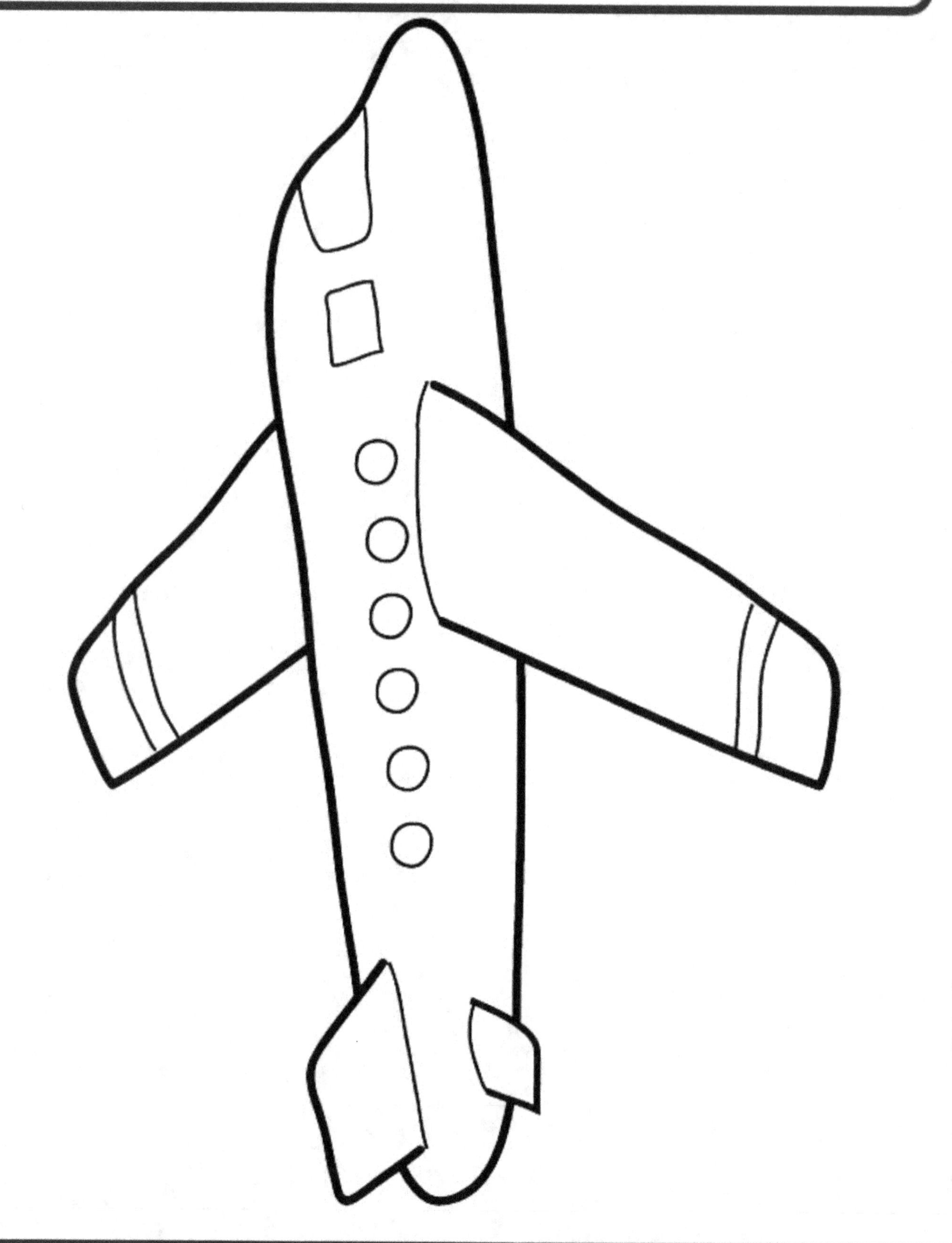

FLUGZEUG MALBUCH

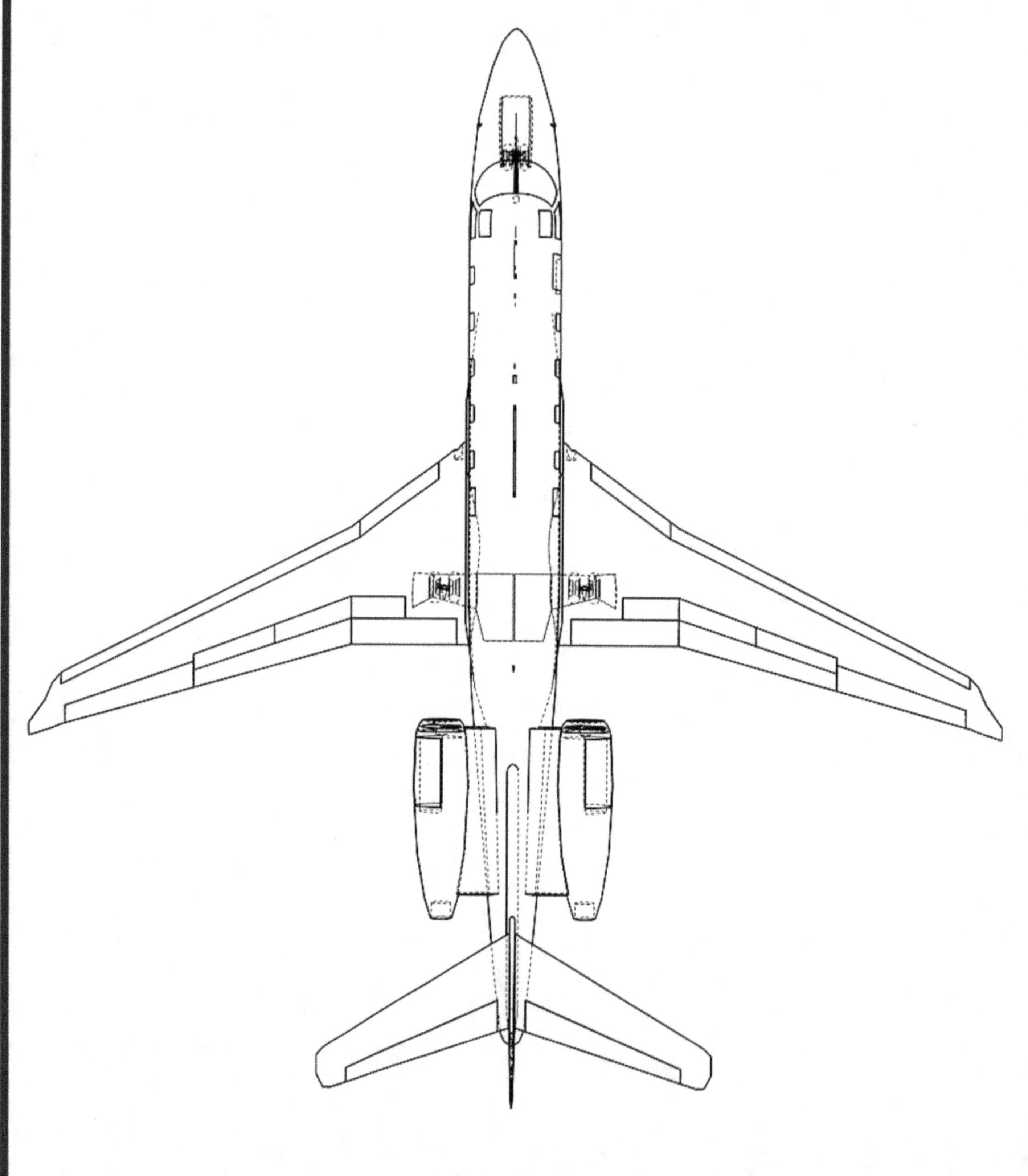

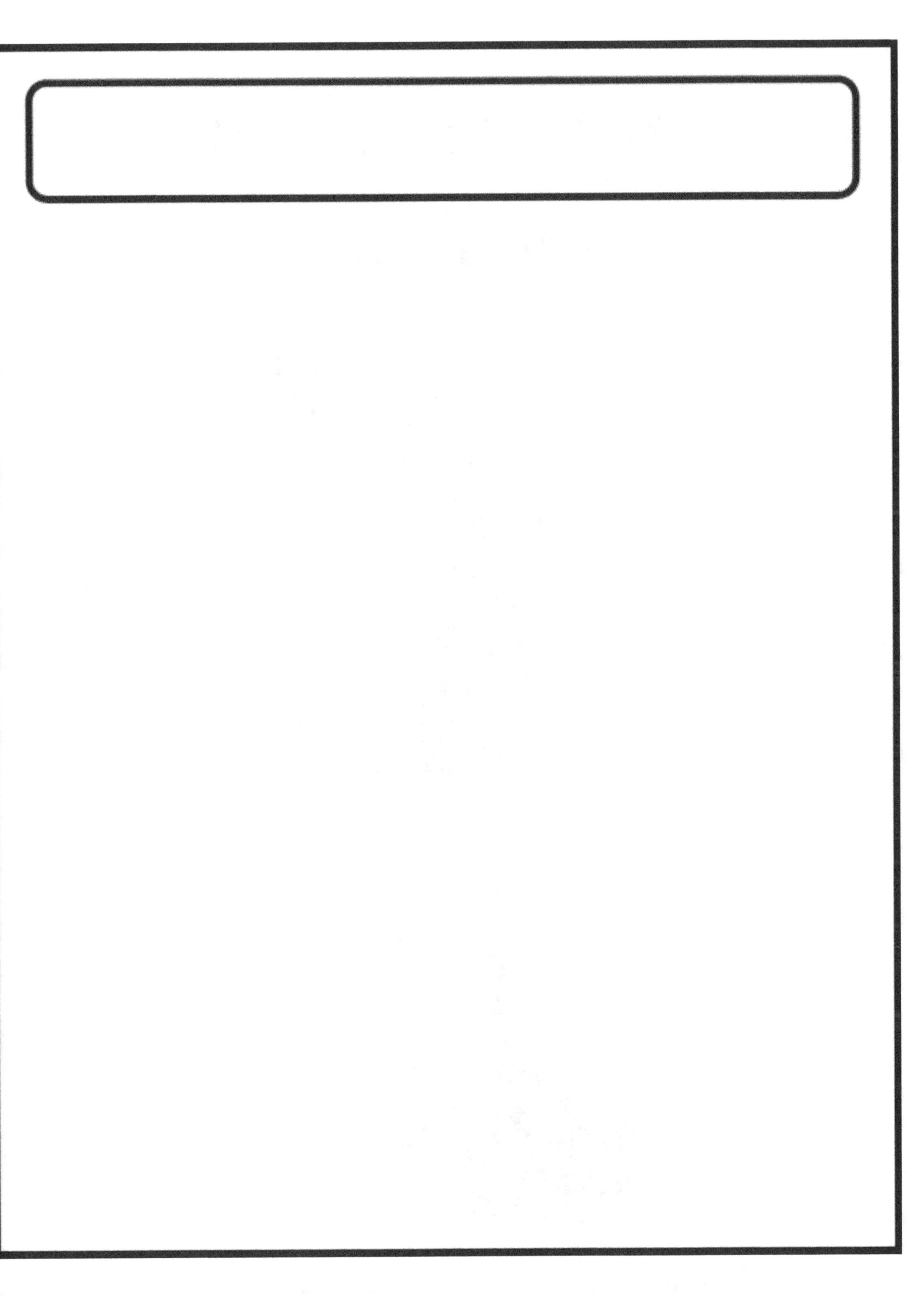

FLUGZEUG MALBUCH

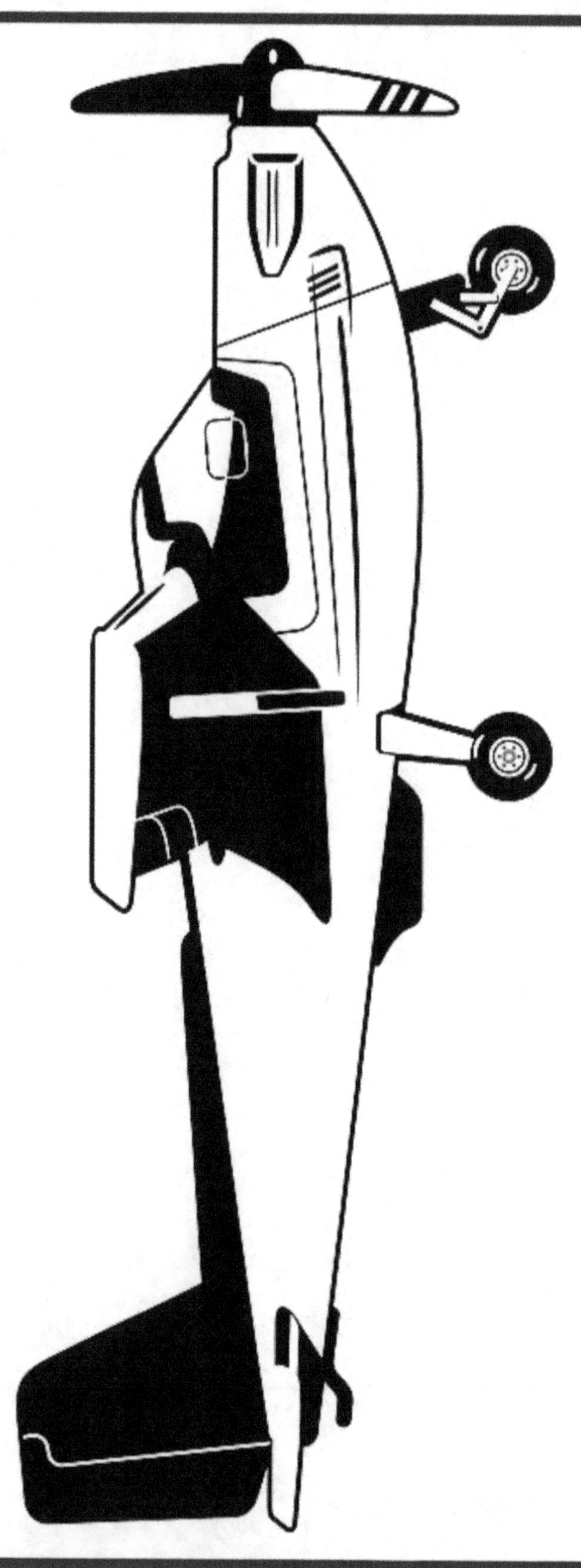

FLUGZEUG MALBUCH

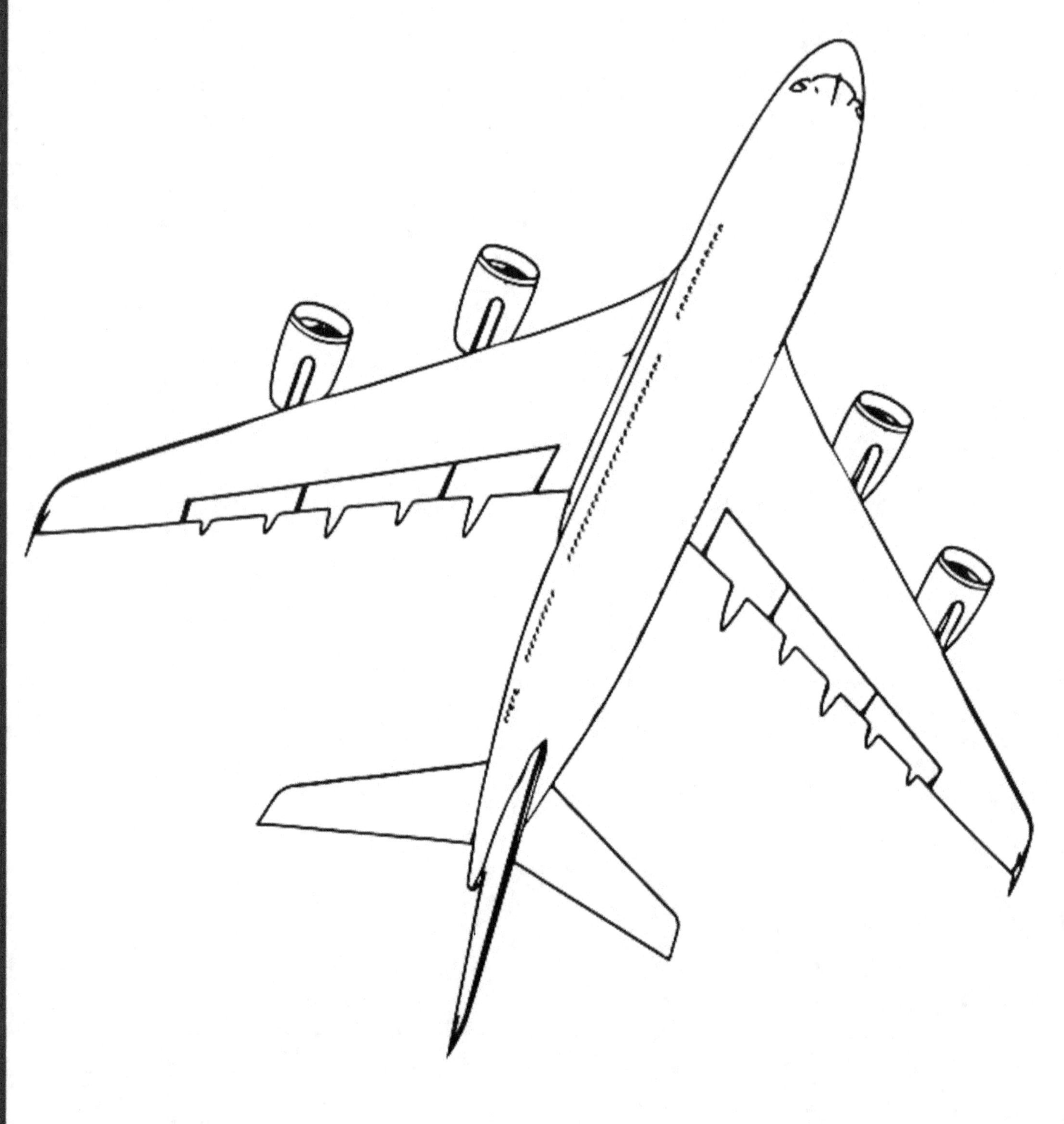

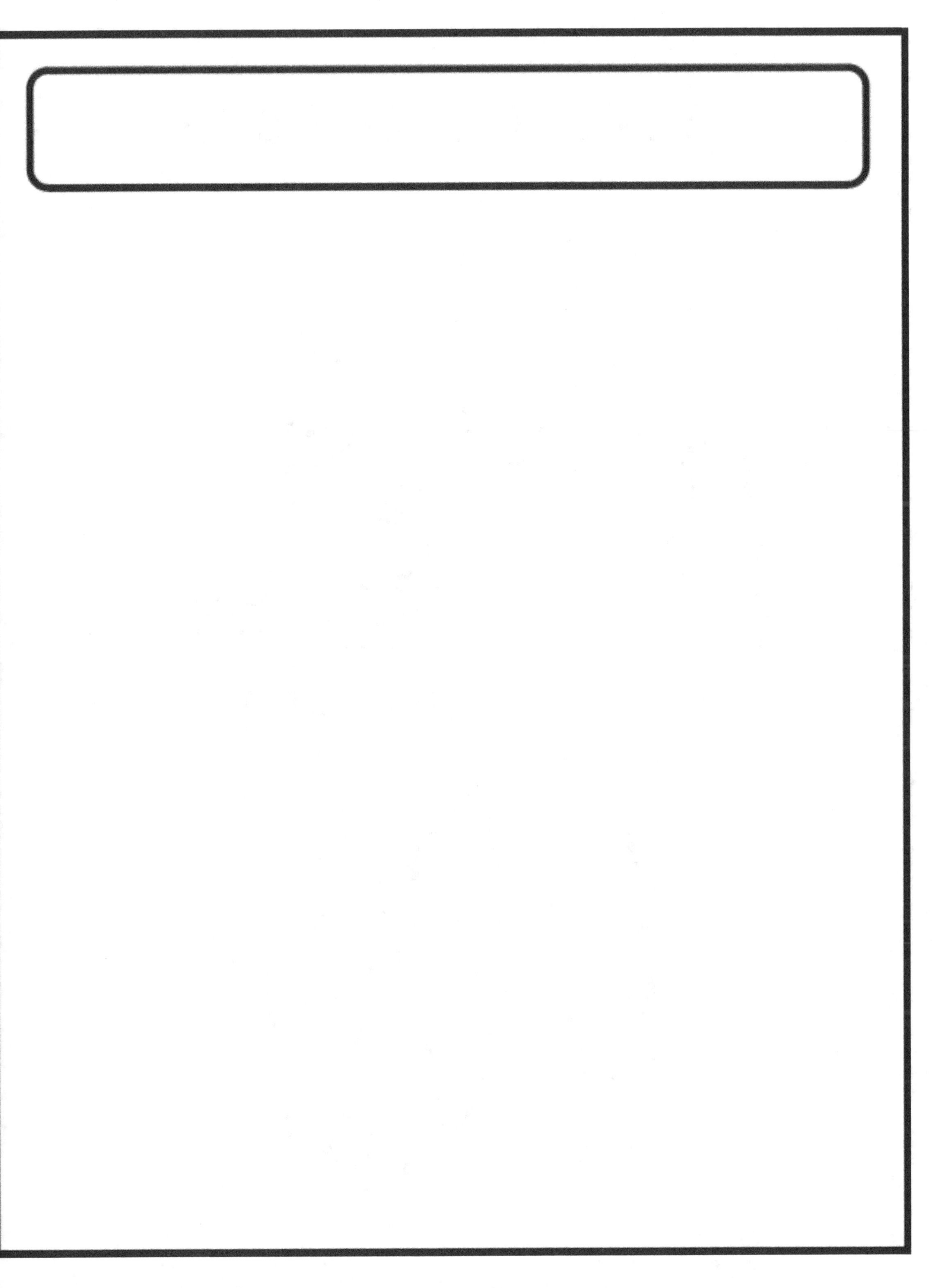

FLUGZEUG MALBUCH

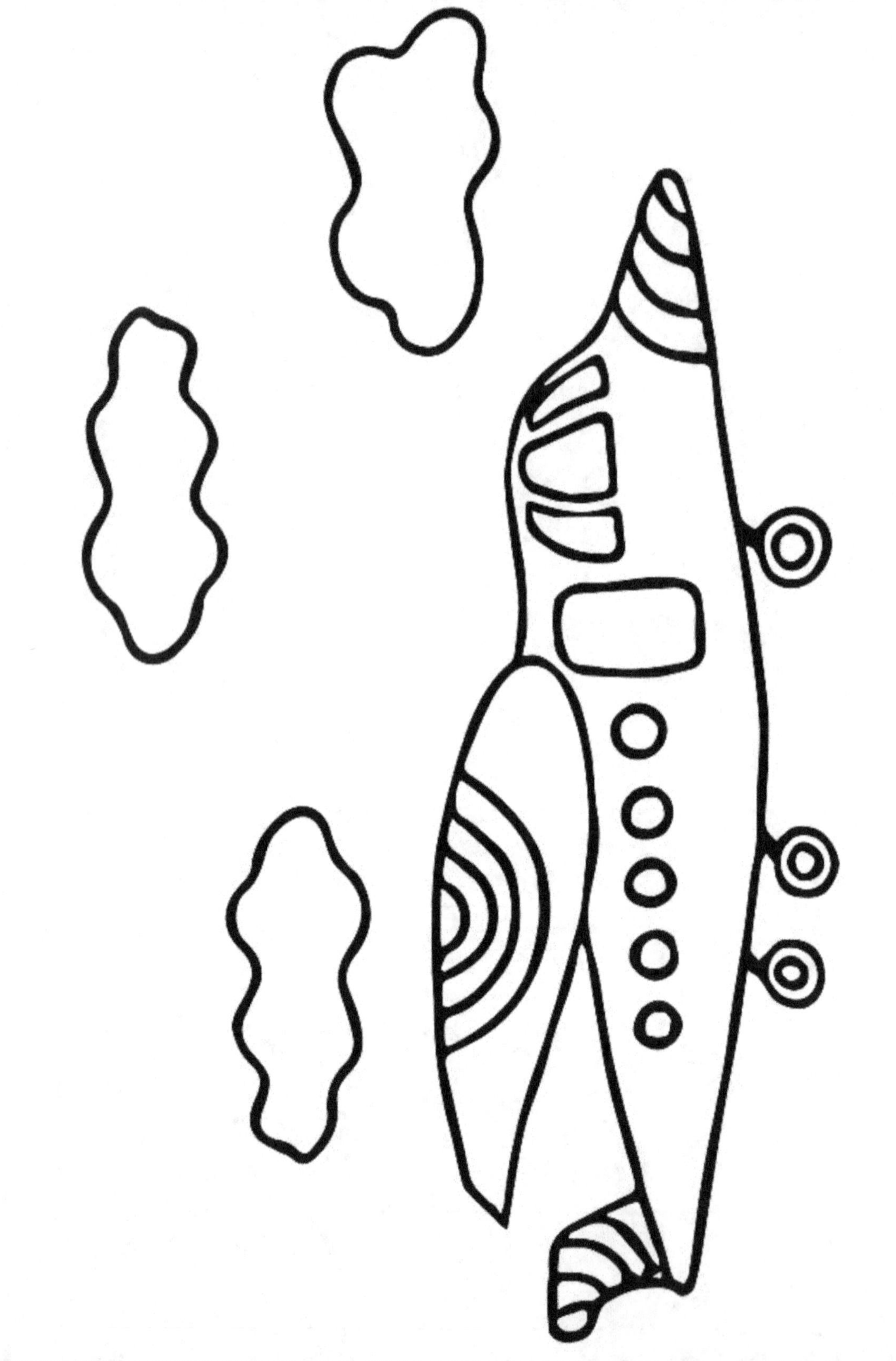

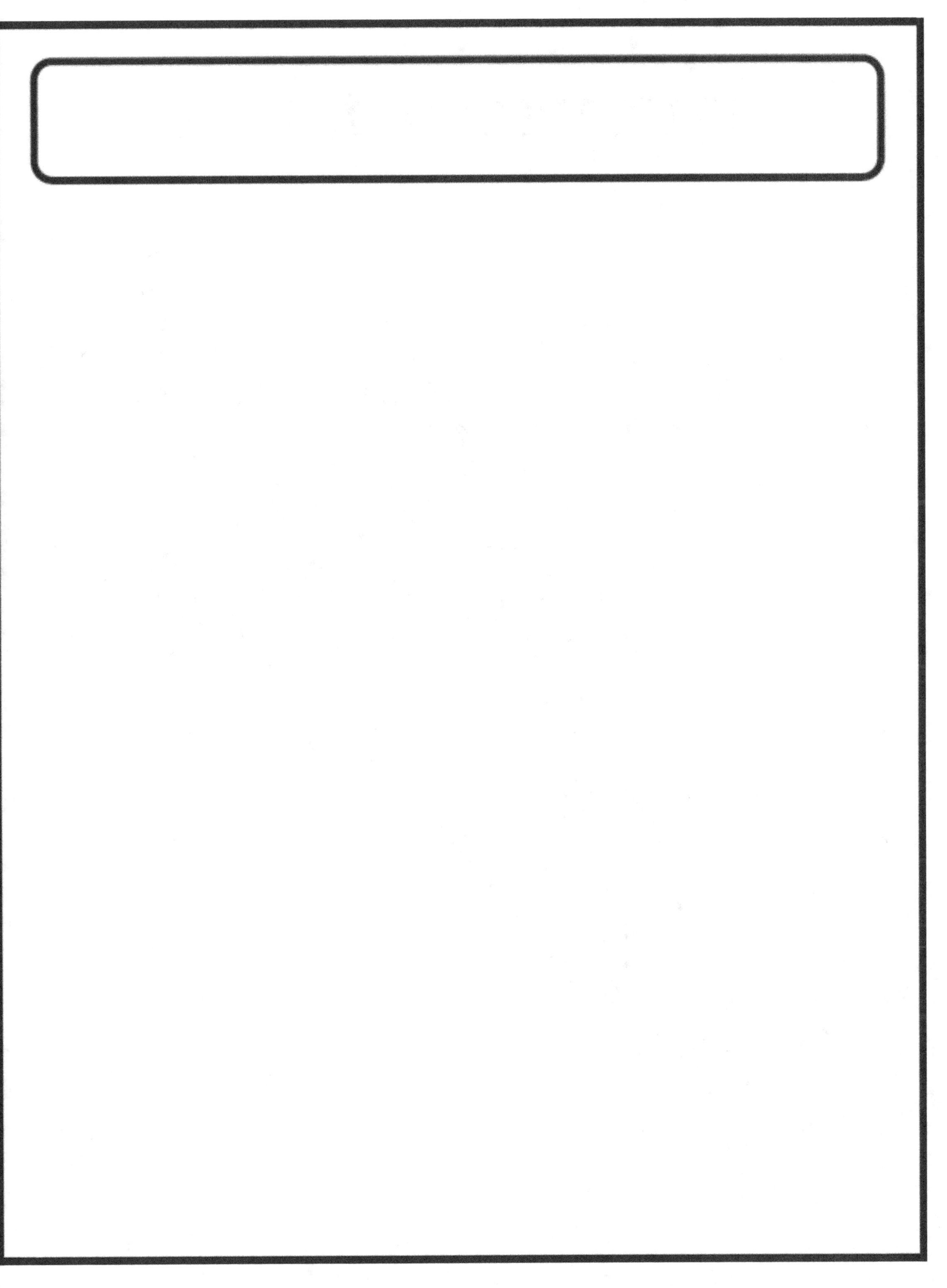

FLUGZEUG MALBUCH

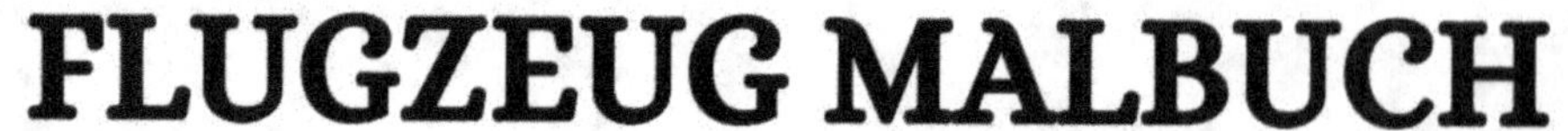

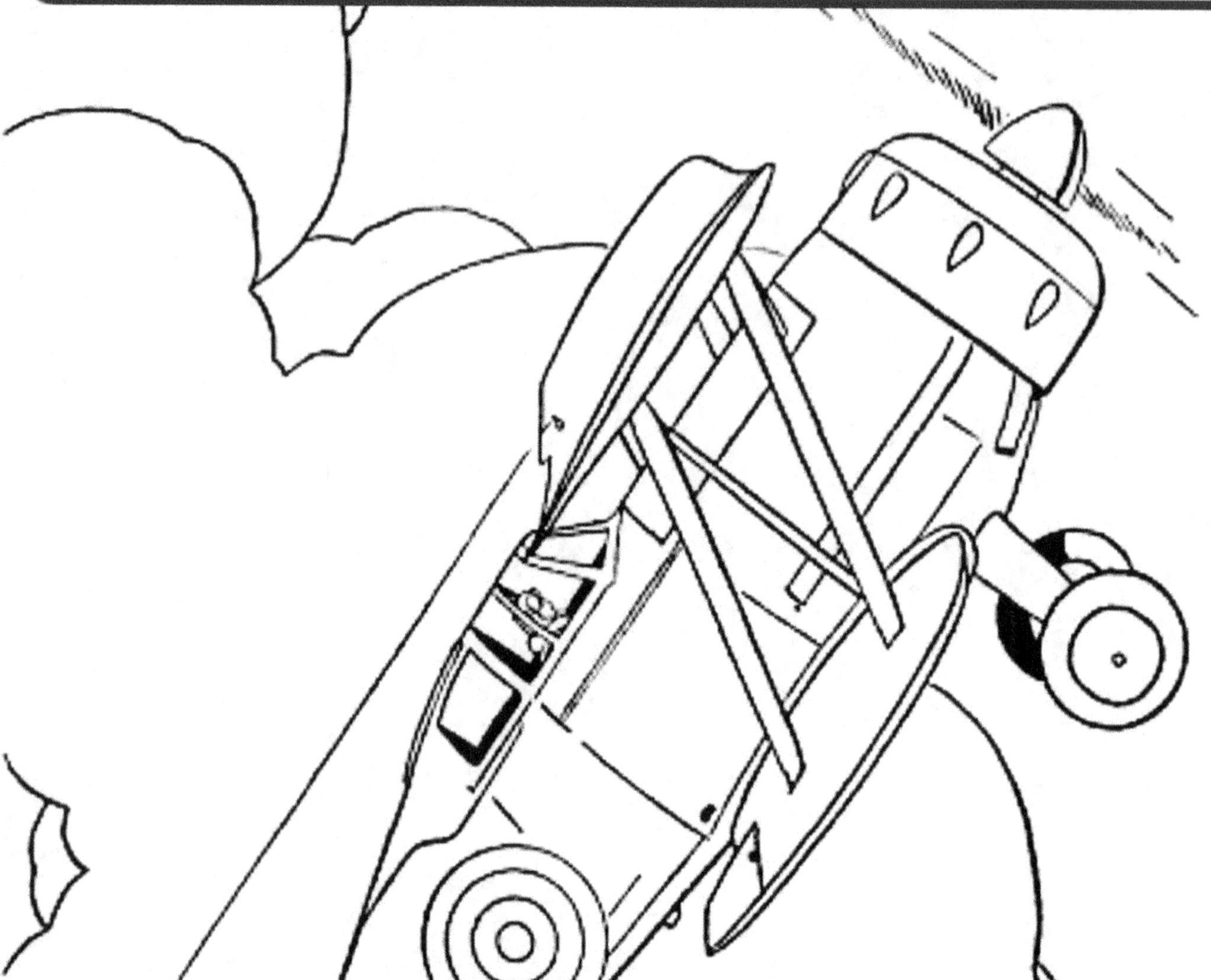

FLUGZEUG MALBUCH

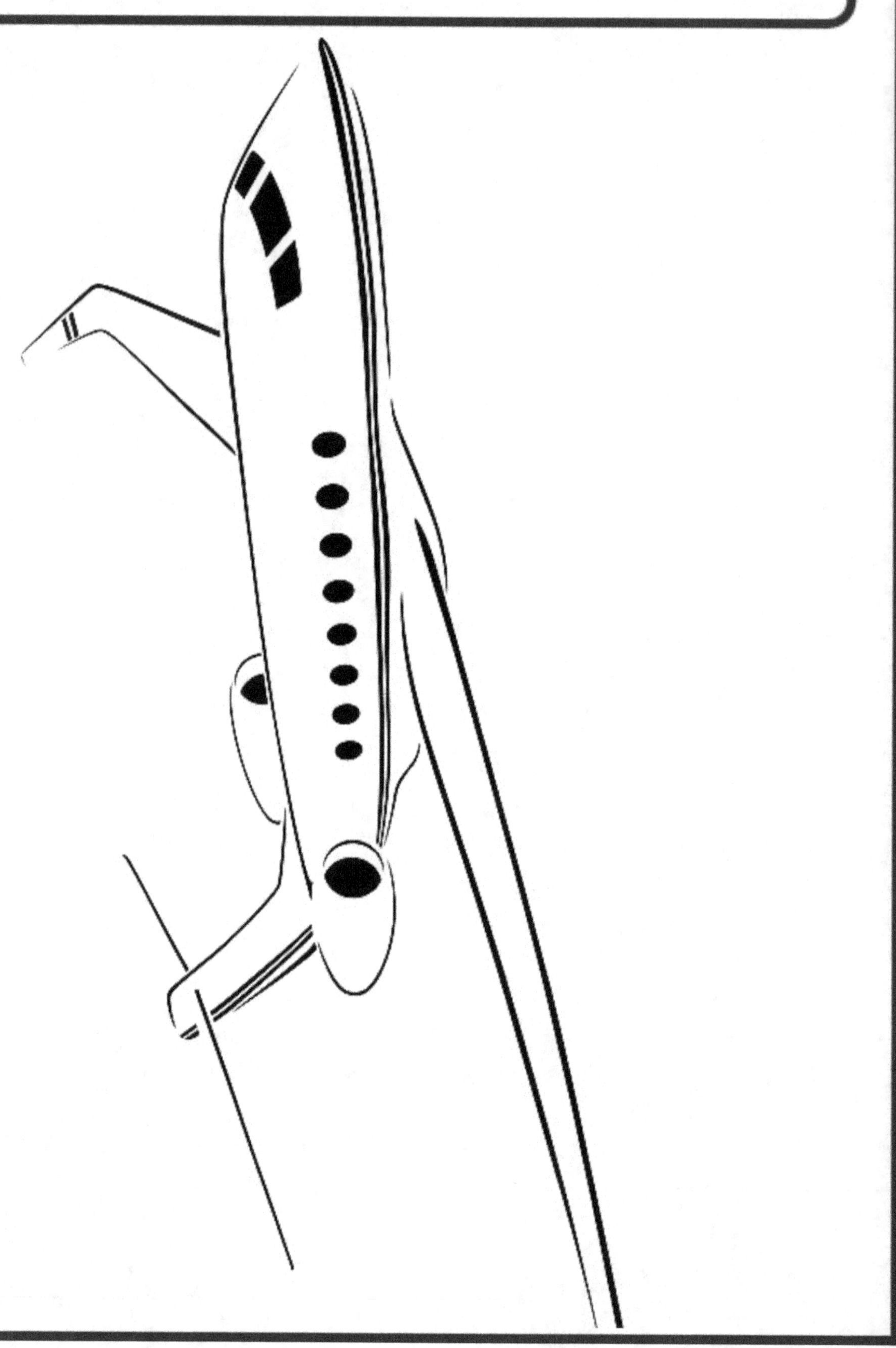

FLUGZEUG MALBUCH

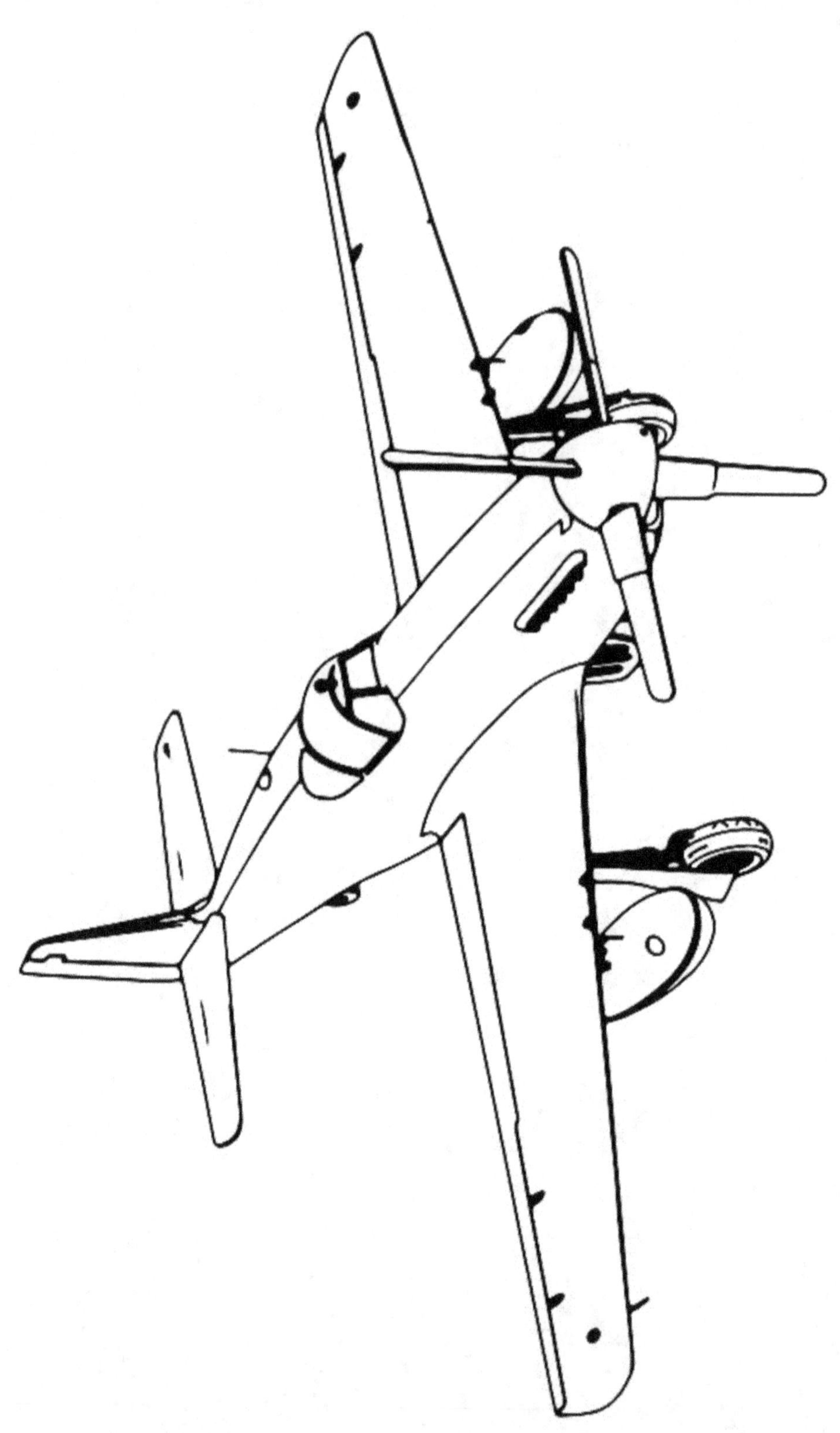

FLUGZEUG MALBUCH

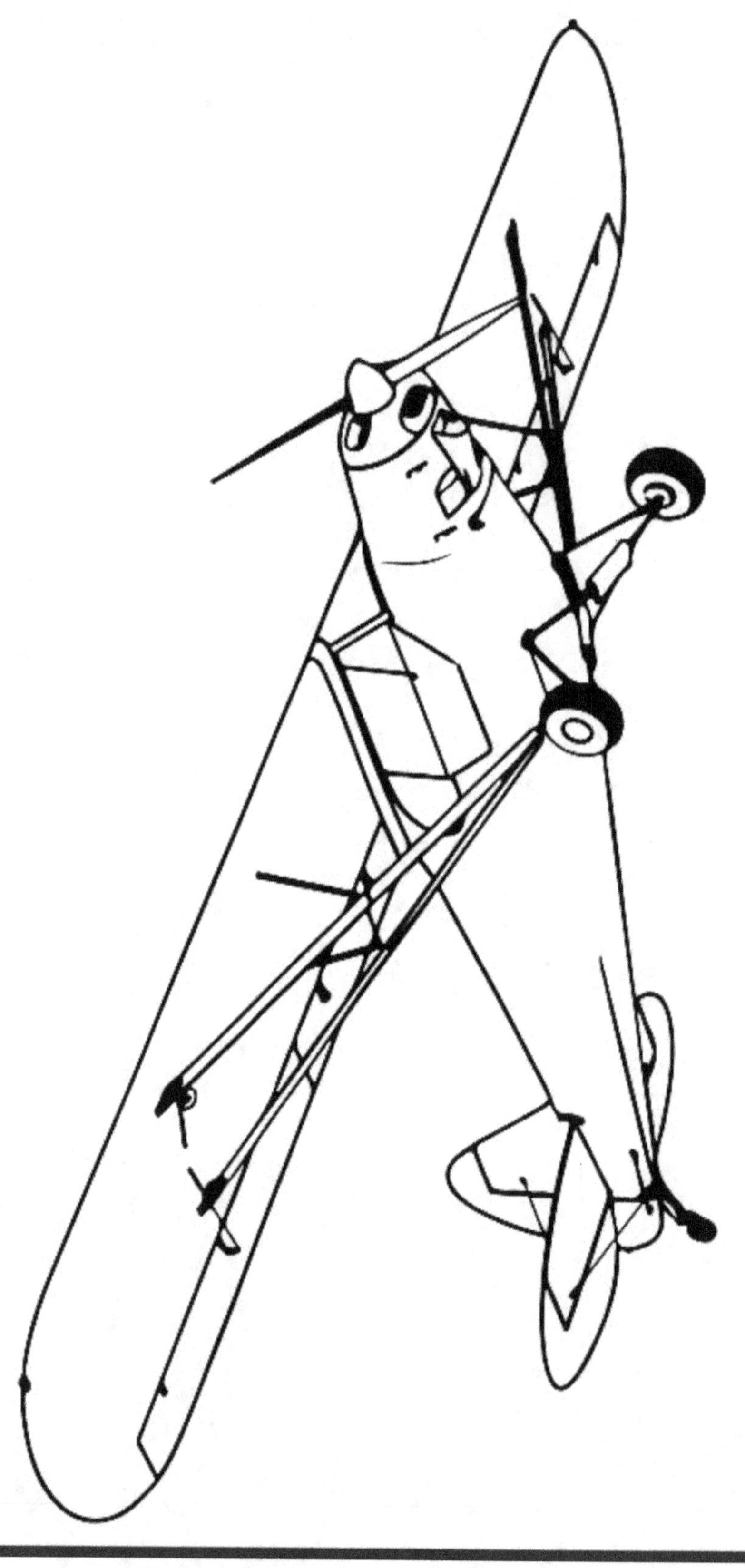

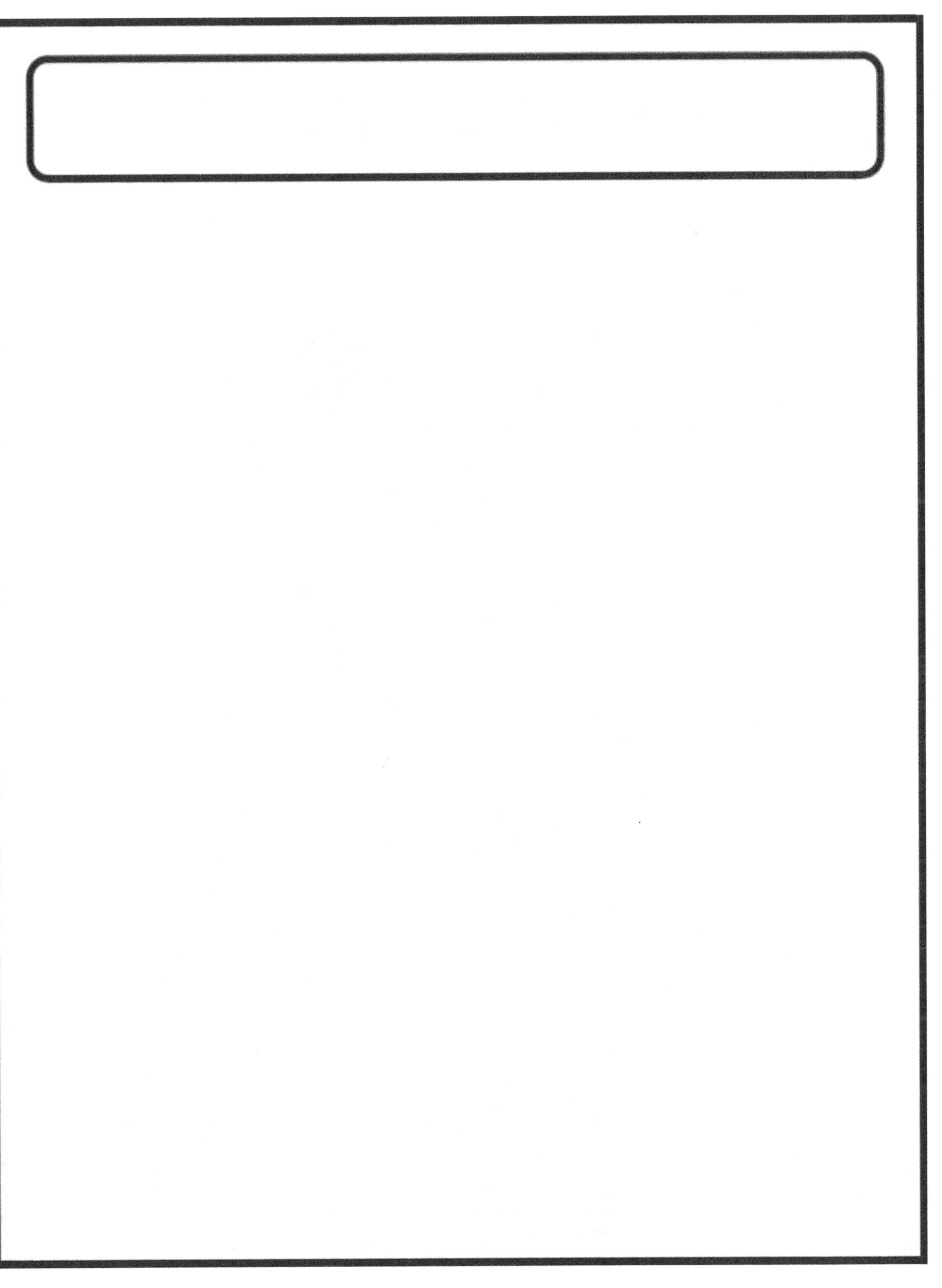

FLUGZEUG MALBUCH

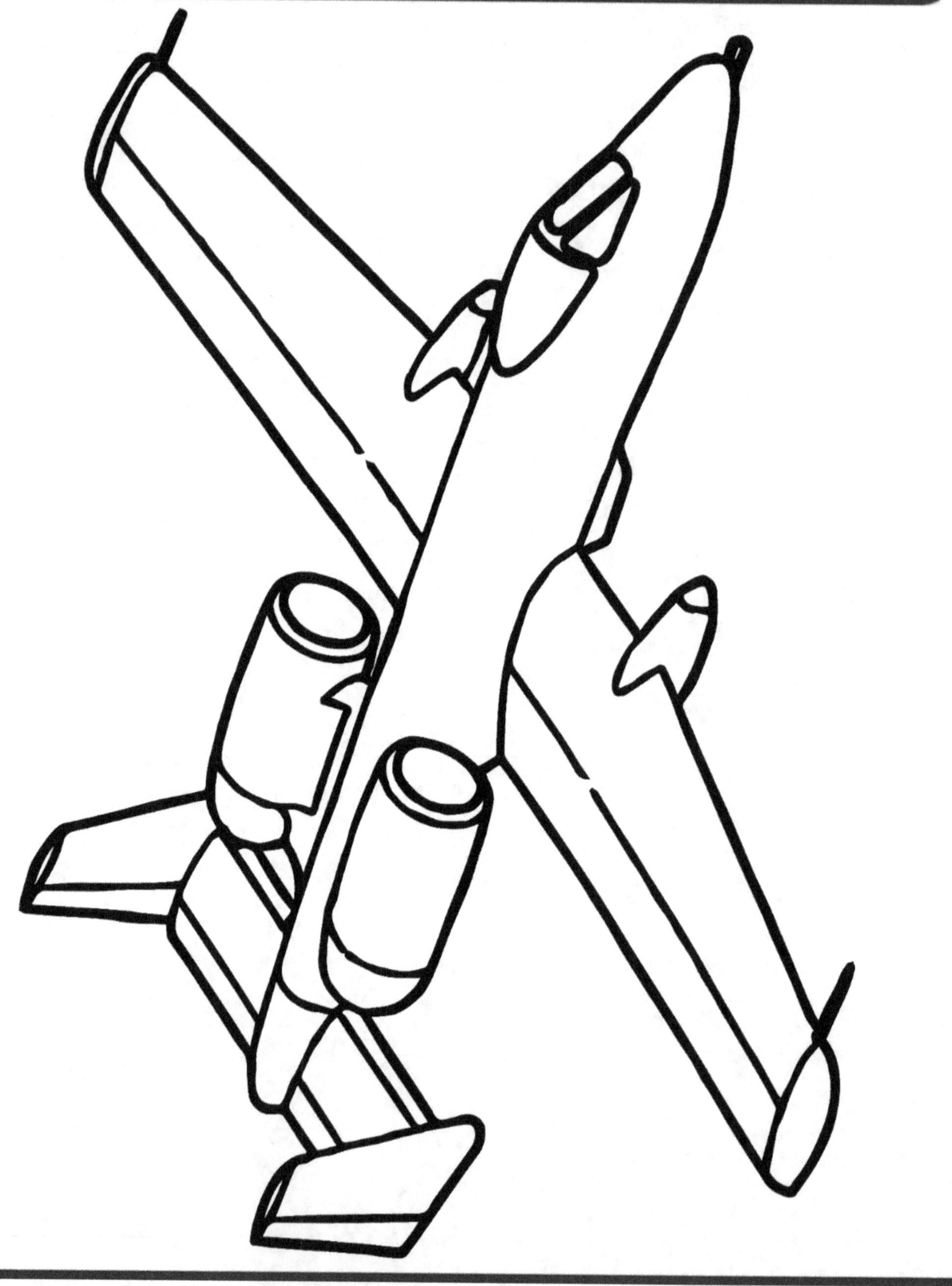

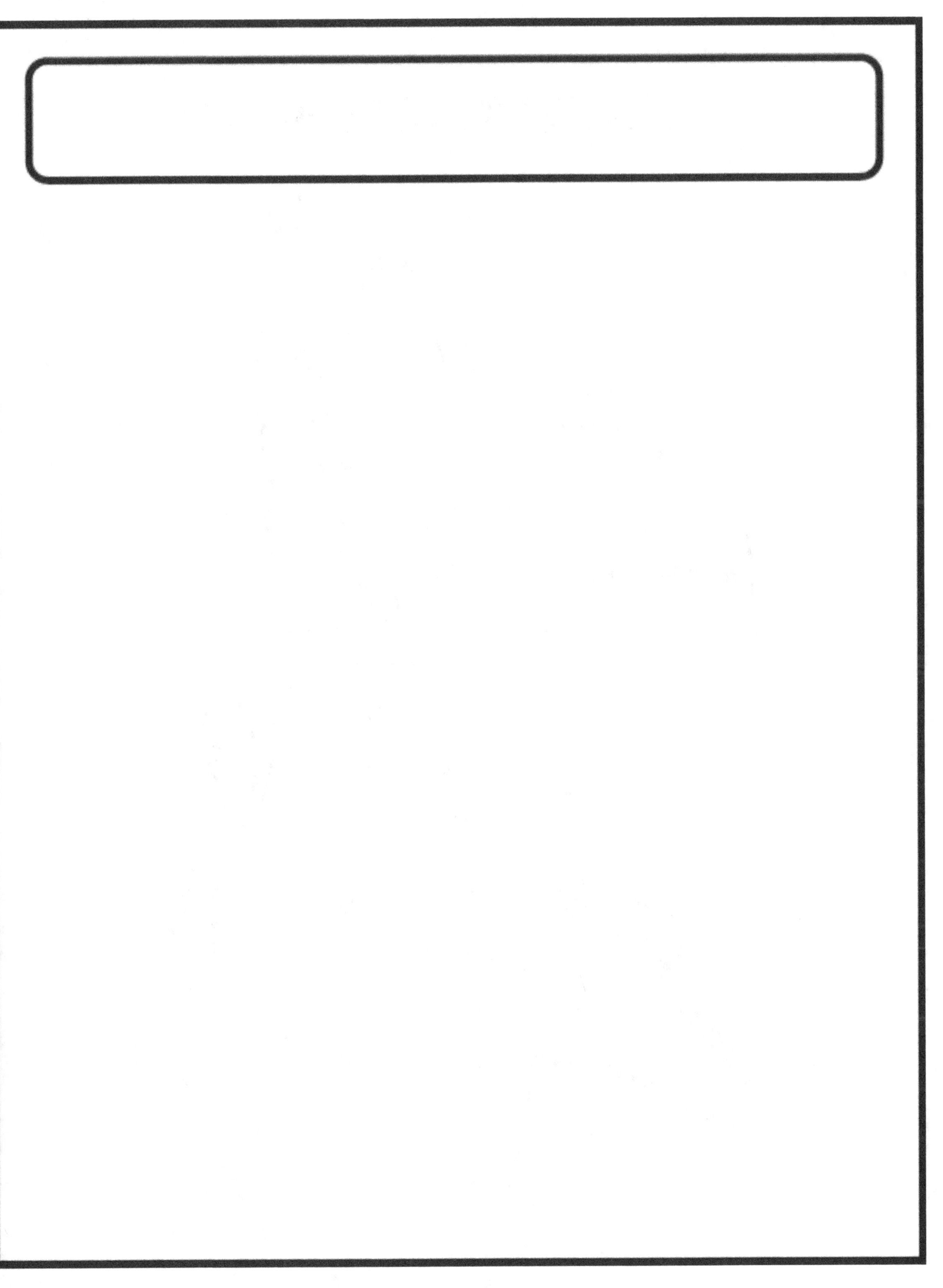

FLUGZEUG MALBUCH

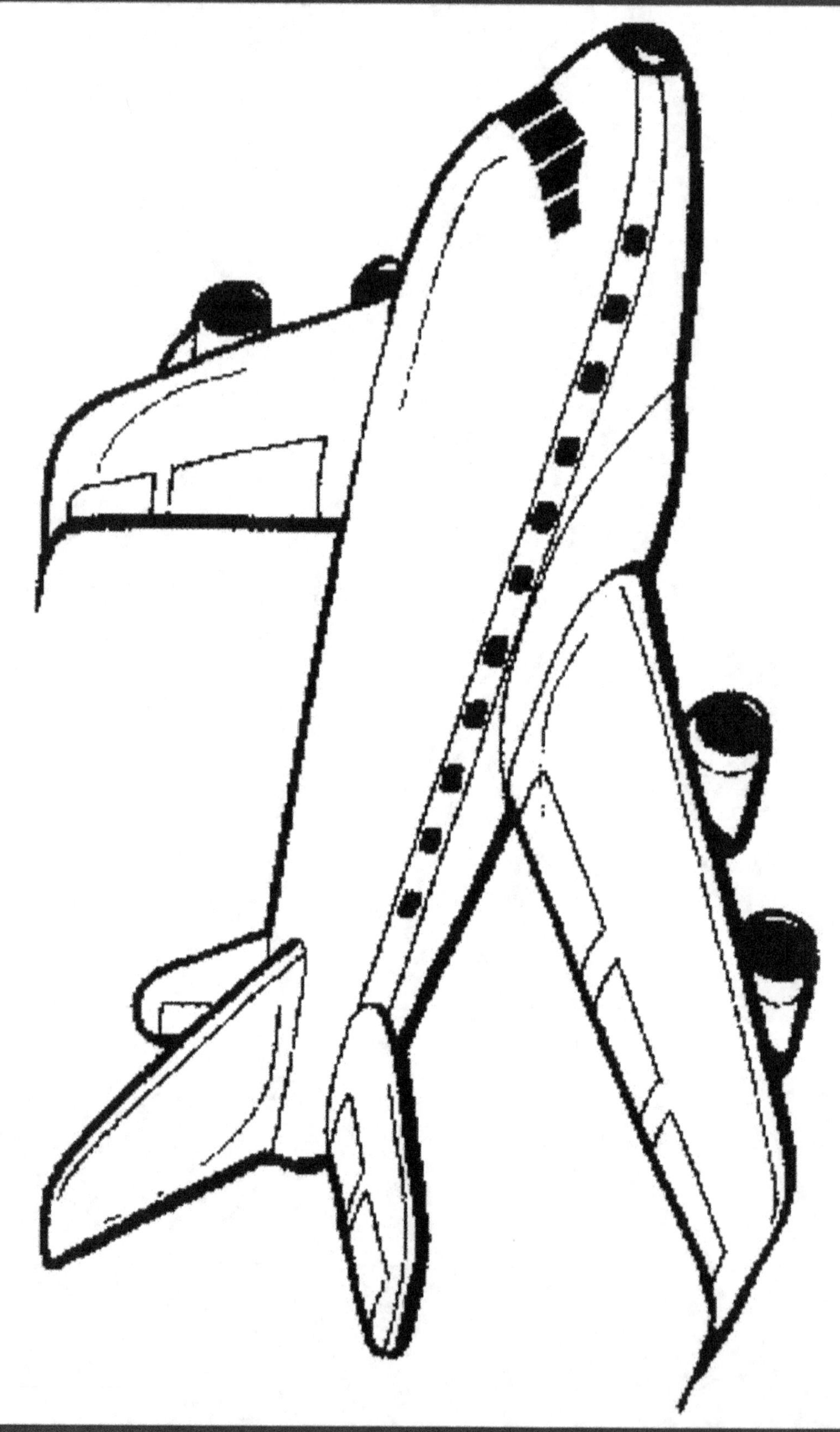

FLUGZEUG MALBUCH

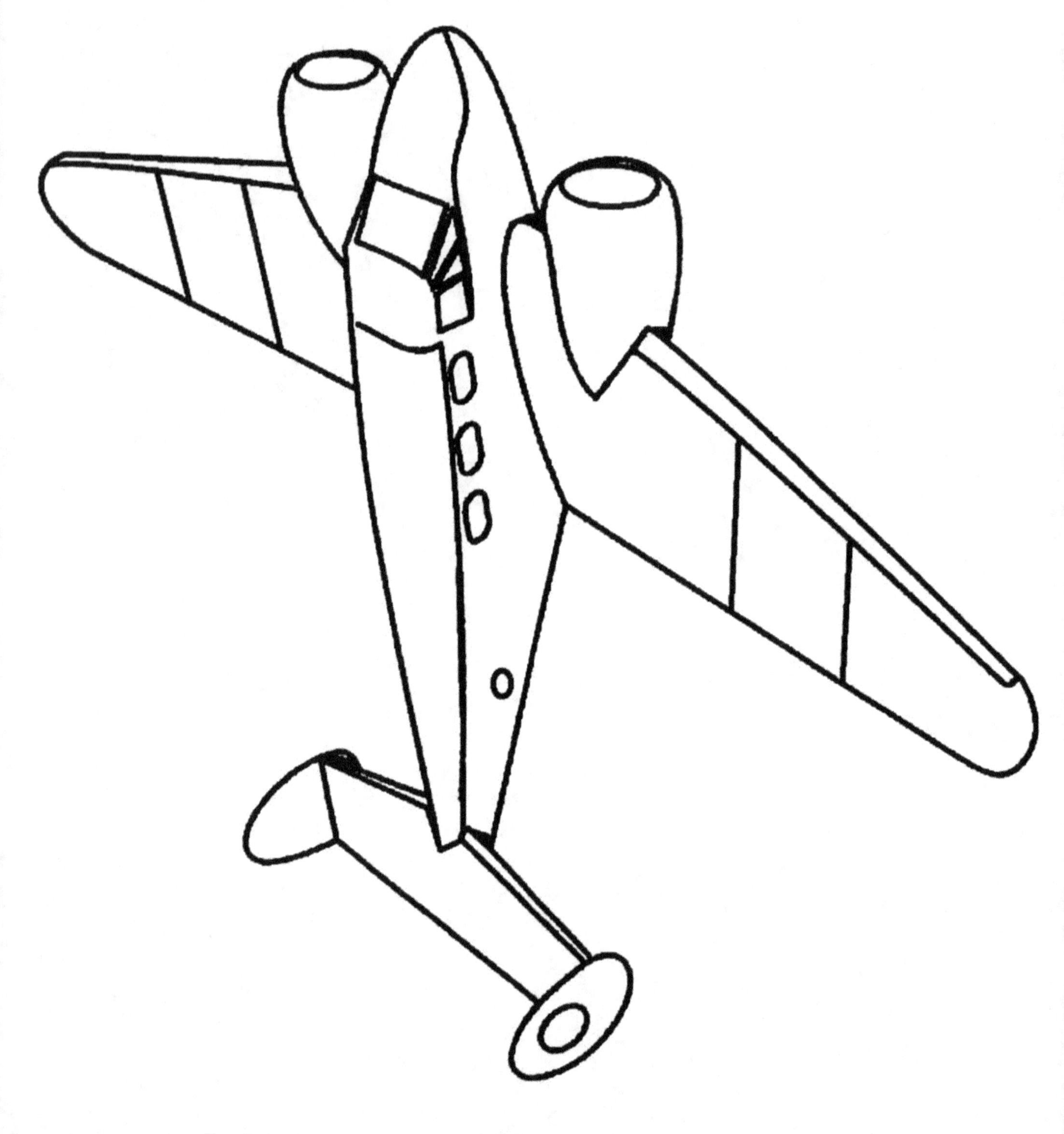

FLUGZEUG MALBUCH

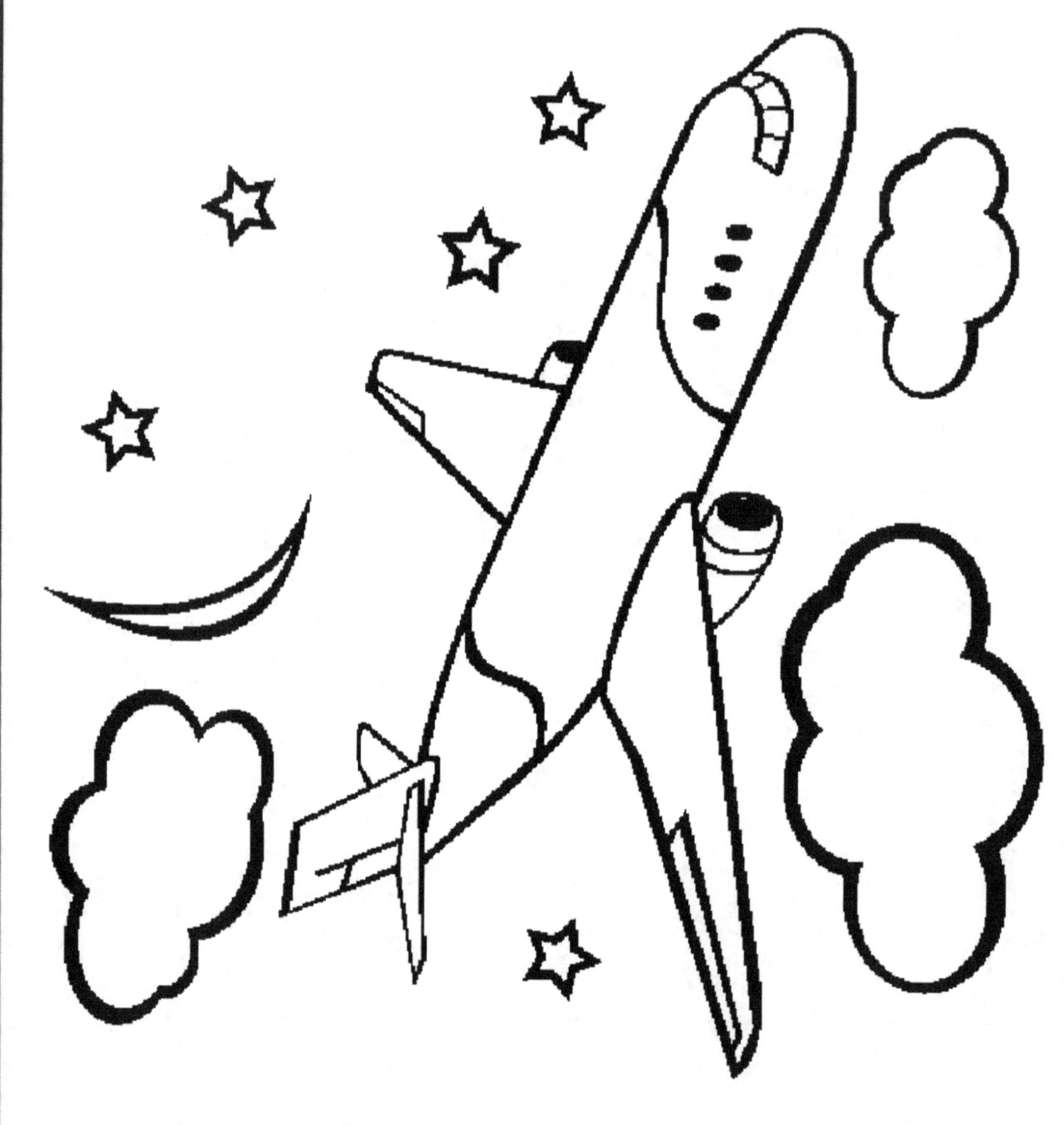

FLUGZEUG MALBUCH

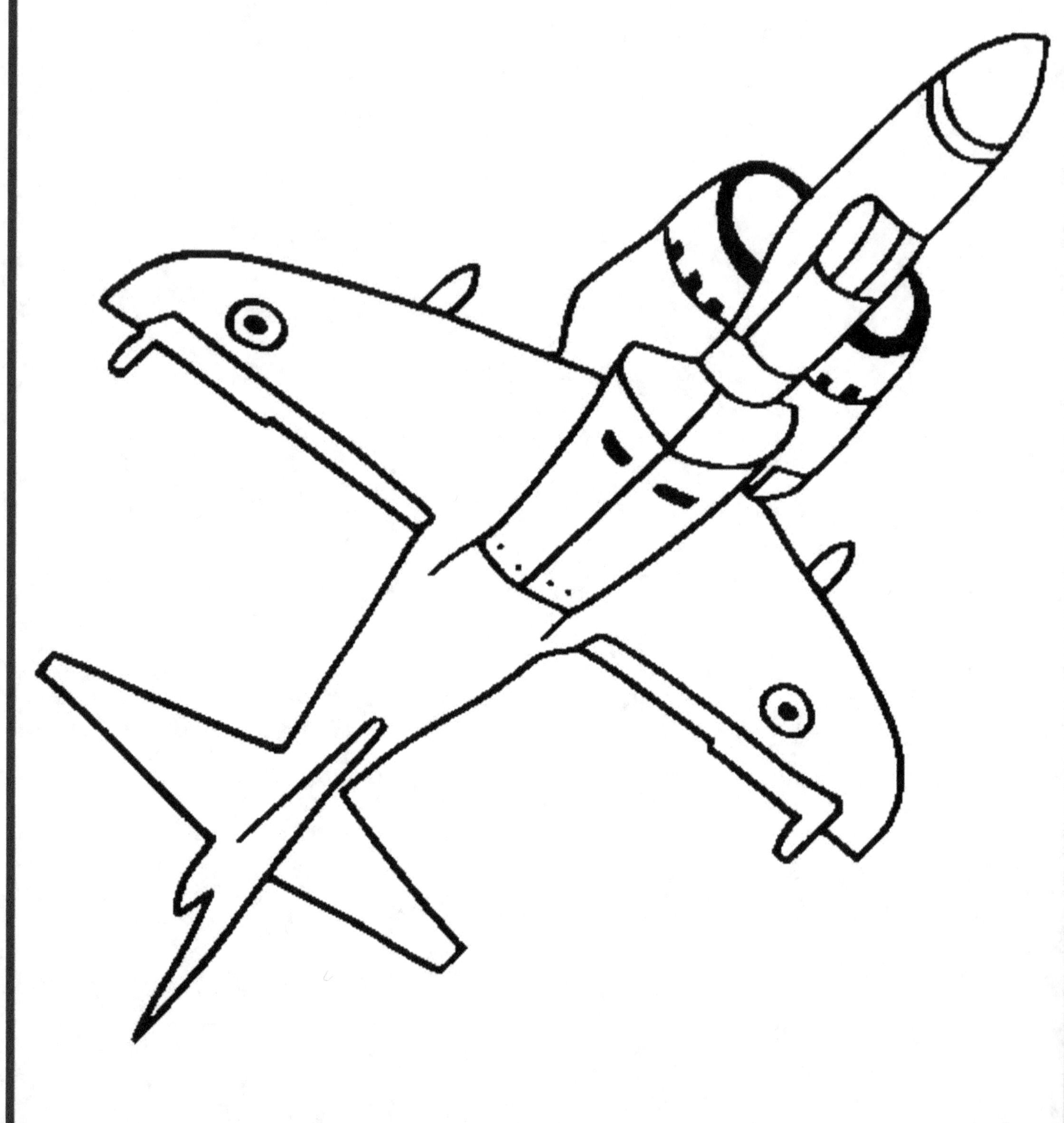

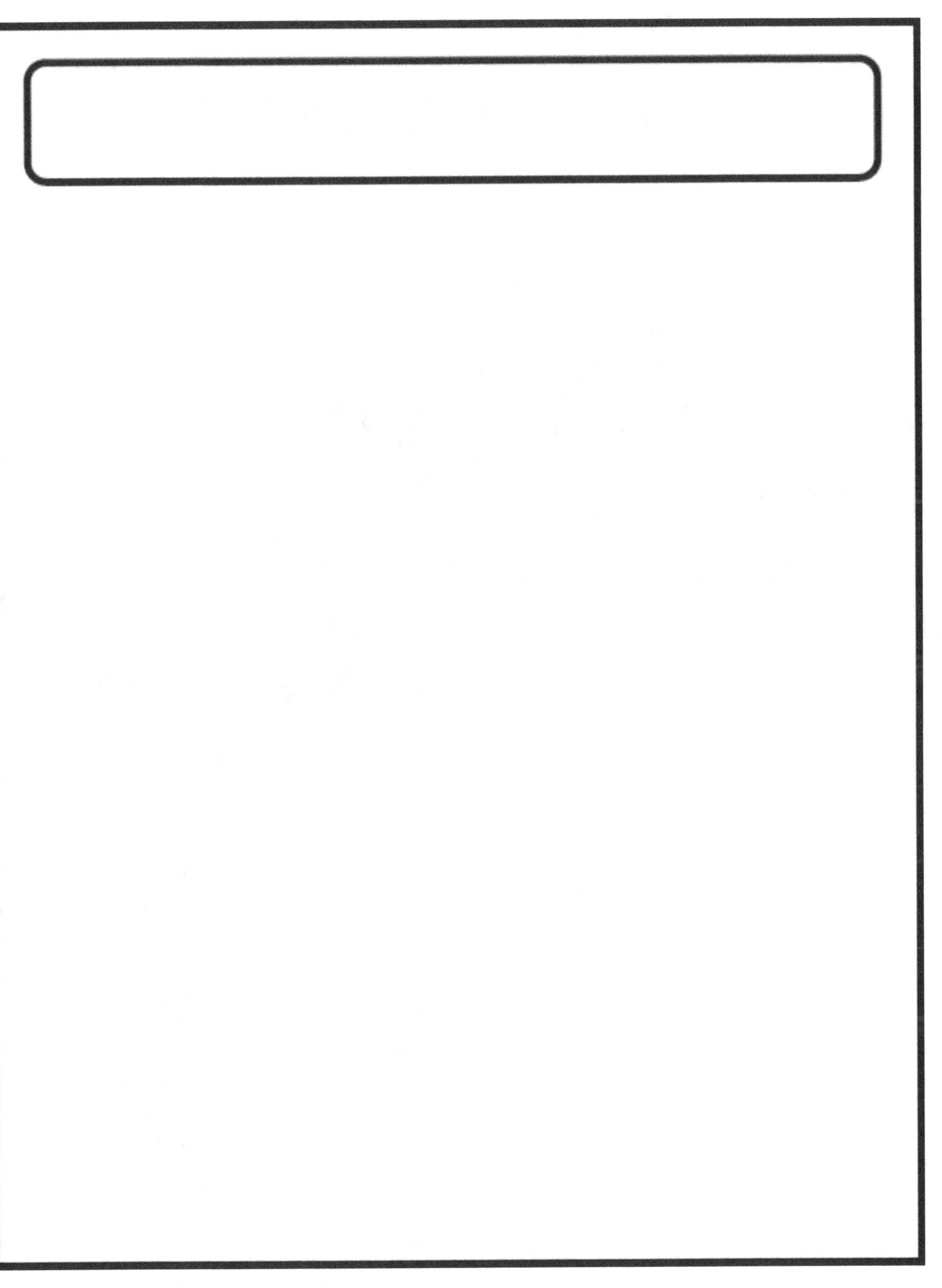

FLUGZEUG MALBUCH

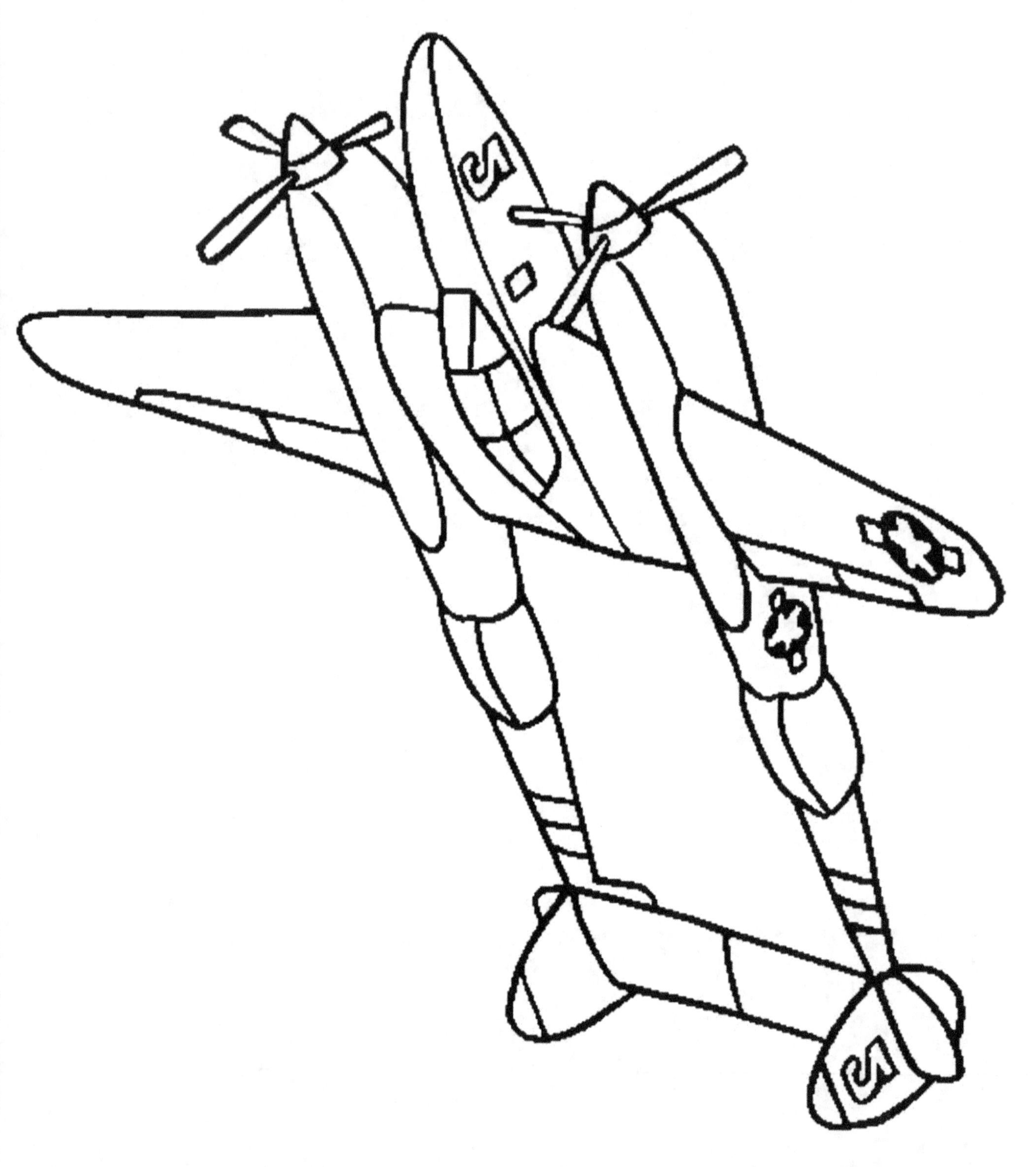

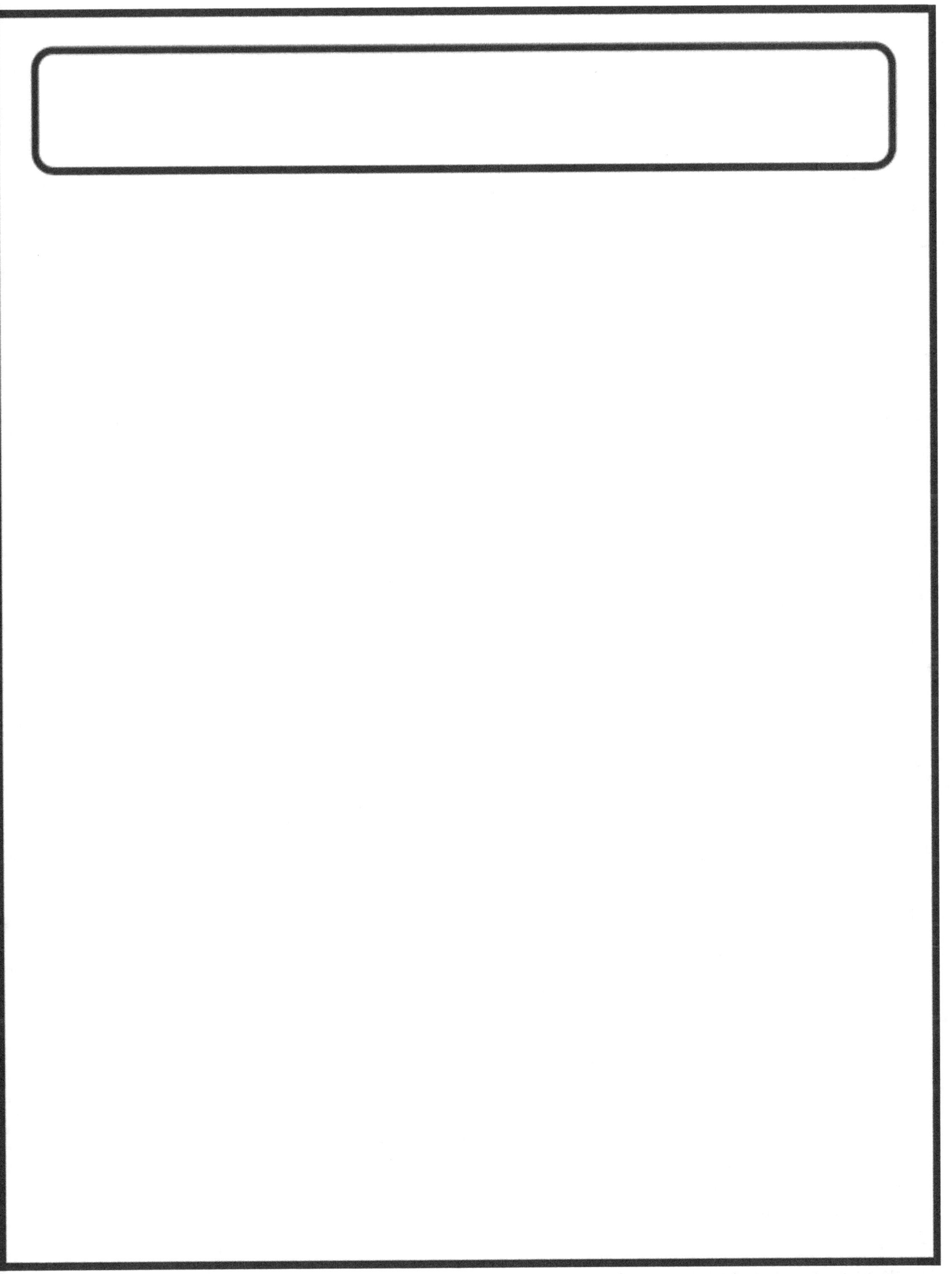